KB043986

상사와 팀원 사이, 꼰대와 리더 사이
낀팀장의 성향별 조직관리 노하우

찐팀장은 이렇게 일합니다

찐팀장은 이렇게 일합니다

초판 1쇄 발행 | 2023년 7월 20일

지은이 | 김용원
펴낸이 | 김지연
펴낸곳 | 마음세상

주 소 | 경기도 파주시 한빛로 70 515-501

신고번호 | 제406-2011-000024호
신고일자 | 2011년 3월 7일

ISBN | 979-11-5636-525-9 (03190)

원고투고 | maumsesang2@nate.com

* 값 14,500원

* 마음세상은 삶의 감동을 이끌어내는 진솔한 책을 발간하고 있습니다. 참신한 원고가 준비되셨다면 망설이지 마시고 연락주세요.

찐팀장은 이렇게 일합니다

김용원 지음

마음세상

제4장 조직과 개인의 성공을 좌우하는 팀장으로 성공하는 법

제5장 팀 성장을 위한 10가지 비밀 노트

제1장
오늘부터 팀장이다

호칭부터 정리하고 넘어가자

오늘부터 나는 팀장이다.

팀장으로 첫 출근 하는 날, 평상시와 같은 출근길인데도 묘하게 설렌다. 첫 미팅 하는 자리에서 제대로 잘 해내고 싶었다. 밤을 새워서 만든 PPT를 멋지게 띄우고 팀원들 앞에 섰다. 열심히 준비한 만큼 발표도 잘 진행되었다. 팀원들이 초 집중하며 내 얘기를 듣는 모습에 스스로 뿌듯하고 감동도 했다.

발표를 마치고 이제 업무 배분을 해야 하는 시간. 나는 제일 먼저 과거 팀원으로 함께 지냈던 후배에게 "이 대리, 이 업무는 이 대리가 진행해 주시면 좋겠어요."라고 말했다. 이 대리와는 함께 일하면서 손발을 맞추었었고, 이 일을 아주 잘 해낼 적임자라고 생각했다. 당연히 긍정의 대답이 들려올 거라 기대하고 고개를 들었는데 분위기가 싸해지는 것이다. 알수 없는 적막이 흐르고 이 대리의 표정이 순간 굳어진 것을 볼 수 있었다.

오른쪽에 있던 김 대리가 적막을 깨고 말했다.

"팀장님. 이 대리님 지난달에 과장으로 승진하셨어요."

그 말에 등 뒤에 식은땀이 흘렀다. 뭐라고 말을 해야 할까 고민하던 찰나 이 대리, 아니 이 과장도 한마디 한다.

"팀장님, 이 업무는 대리직급에서 해야 하는 업무입니다. 저는 이 업무를 왜 제가 해야 하는지 이해가 되지 않습니다."

그렇게 첫 출근부터 꼬여버린 하루가 시작되었다. 팀장으로서 멋지게 프레젠테이션하고, 업무 공유와 분배까지 완벽하게 마치려고 한 내 계획은 산산조각이 나버렸다. 첫 미팅 자리에서 팀원에게 이해가 되지 않는다는 말을 들으니 속상하기도 했다. 호칭부터 꼬여버린 미팅은 끝까지 엉망진창이 되어버린 것이다.

이 과장의 말도 일리는 있었지만, 당시만 해도 나는 '대리'인 줄 알았고, 그 일의 적임자라고 생각했다. 굳이 그 상황에서 그런 말을 해야 했을까? 나에 대한 배려가 하나도 없는 것 같아 화가 났지만 아무 말도 할 수 없었다. 어찌 됐든 내 실수가 먼저였기 때문이다.

이런 상황이 발생하지 않으려면 어떻게 해야 할까? 사전에 환경 분석을 해야 한다. '환경 분석'은 경영전략 수립을 위해 사전에 분석하는 것으로 내부 환경 분석과 외부환경 분석으로 구분할 수 있다.

내부 환경 분석이란 기업 내부에서 보유하고 있는 다양한 인적, 물적 역량을 경쟁사와 객관적으로 비교·평가하고 자사의 강점 및 약점을 파악하는 경영 활동을 말한다. 쉽게 말해서 팀원의 이름, 직급, 나이, 입사 월, 업무 경력, 프로젝트 경험, 인사 고가 등을 파악하는 것이다. 팀장이라면 이러한 팀원들의 사전 조사가 필수이다. 내가 운영하는 팀의 팀원 정보를 알아야 적재적소에 배치할 수 있고, 잘 이끌어 갈 수 있다.

이러한 정보들은 팀원의 이력서 또는 인사카드를 통해 수집할 수 있다. 인사부에 요청하여 정보 확인을 할 수도 있고, 이전 팀장과의 업무 인수인계 면담을 통해 대략적인 정보 확인이 가능하다.

외부 환경 분석이란 기업이 경영전략 수립 시, 직·간접적으로 경영에 영향을 미치는 외부적인 요인을 파악하는 것으로 소비자 분석, 경쟁자 분석, 시장 분석, 환경 분석 등이 있다. 이를 팀에 적용해서 우리 팀의 업무 결과에 대한 1차 고객은 누구인지, 우리 팀의 업무를 대체할 수 있는 팀 또는 부서는 어디인지 사전에 파악할 수 있다. 사전 분석을 통해 우리 팀만의 가치와 경쟁력을 찾을 수 있고 이를 팀원들과 공유할 수 있다.

이러한 내, 외부 환경 분석을 통해 우리 팀의 확실한 아이덴티티를 구축할 수 있다. 아이덴티티는 팀원들의 만족으로 이어지고, 성과로 나타난다. 그렇기에 이러한 분석은 필수이다.

이제 막 팀장이 되었다면 먼저 우리 팀의 환경 분석부터 해보자. 나처럼 호칭 실수를 하지 않도록 미리 파악이 필요하다. 그리고 그 분석결과를 팀원들과 공유하고, 우리 팀만의 확실한 색깔을 만들자. 소속감은 팀원들이 스스로 움직일 수 있도록 해주는 원동력이 된다. 성과를 낼 때마다 주기적으로 회사 내에 홍보하면 팀원들의 만족도는 더욱 높아지고 성장 속도도 더 빨라지게 될 것이다.

중복 지시로 두 사람의 불필요한 경쟁을 만들다

신임 팀장 위임 후 한 달. 어느 정도 팀장으로서 적응도 되었고, 지난 호칭 사건 이후 실수를 하지 않으려고 노력한 결과 자리도 잡았다.

과신했던 것일까? 또다시 팀원들에게 오해를 사는 일이 발생하고 말았다. 신임 팀장이 되면 유관부서로부터 수많은 메일을 받게 된다. 이중 업무와 관련성이 높은 메일도 있지만, 유관부서의 업무 내용에 대한 참조 정도의 메일도 받게 된다. 이는 팀장이기 때문에 정보 공유 차원에서 받게 되는 것이다.

그날도 상위 유관부서로부터 매출에 대한 데이터 산출 요청의 업무협조 메일을 받았다. 팀장이 된 지 이제 갓 한 달이 되다 보니 급한 일과 급하지 않은 일을 구분하기가 어려웠다. 이 메일도 급한 업무라고 판단해서 이 대리에게 바로 메일을 '전달하기'로 보냈다. 즉시 매출 데이터 산출 업무를 하라고 말이다.

그리고 다음 날 오후 어제와 똑같은 메일을 받았다. 아마도 급한 안건이라 또 보냈던 것 같다. 분명 어제 확인 후 이 대리에게 업무 지시를 한 상태였음에도 마음이 급하다 보니 그 사실을 까맣게 잊어버리고 안 대리에게 메일을 '전달하기'로 보냈다. 이 대리에게 지시한 것과 똑같이 말이다.

이 대리와의 일은 잊고, 다음 날 데이터 분석 미팅을 위해 안 대리를 호출했다. 안 대리와 함께 한창 데이터 분석 미팅을 하는데 안 대리가 "그런데 팀장님, 저 말고 이 대리에게도 같은 업무를 지시하셨던데 맞는지요?"라고 질문하는 게 아닌가? 나는 무슨 소리인가 싶어 눈만 껌뻑였다. 그리고 머릿속에 스쳐 지나가는 '이 대리에게 업무 지시한 상황'에 머리를 한 대 맞은 것처럼 멍해졌다. 어떻게 그걸 잊을 수 있었을까?

이 대리는 안 대리에게 "팀장이 왠지 나를 시험해보려고 일부러 시킨 것 같아."라고 말을 했다고 했다. 본의 아니게 두 대리간에 경쟁을 시킨셈이 되어버렸다. 단 며칠이었지만 스트레스가 상당했을 두 사람에게 정말 너무나 미안했다. 불필요한 경쟁으로 업무의 효율성을 떨어뜨리고, 신뢰까지 무너뜨렸으니 나 자신이 한심했다.

팀의 성과와 팀원의 성장을 위해 중요하고 가장 기본이 되는 것이 바로 '팀원과의 소통'이다. 소통이란 "뜻이 서로 통하여 오해가 없음"으로 팀원에게 업무 지시를 할 때도 기본적인 소통이 매우 중요하다. 업무 지시

초기에 소통만 잘 했어도 두 대리에게 업무의 중복 지시는 없었을 것이다.

만약 당시 신임 팀장인 내가 데이터 산출에 대한 업무 지시를 메일로만 급하게 전달하지 않고 메일 전달과 함께 이 대리에게 다가가서 데이터 산출과 동시에 데이터를 통하여 이 대리 본인의 의견을 알려달라고 했더라면 이 대리는 데이터만 유관부서에 보내지 않았을 것이다. 그리고 데이터 발송 전 내게 이 대리 본인의 의견을 얘기하며 업무에 좀 더 집중할 수 있었을 것이다.

이럴 때는 빙빙 돌려 말하는 것보다 솔직하게 말하는 것이 좋다. 나는 이 대리에게 커피 타임을 요청하고 바로 미안하다고 말했다. 처음 팀장이 되면서 여러 업무를 동시다발적으로 해결하다 보니 정신이 없었다고. 업무에 대한 배경설명과 메일을 받았을 시 내 상황을 말하며 내 실수라고 솔직하게 인정했다. 그렇게 이 대리와의 오해를 풀 수 있었다.

1년이 지난 지금은 이 대리가 없으면 팀이 안 돌아갈 정도로 팀 내에서 많은 지원을 하고 있어 고맙고 든든한 파트너이다.

업무를 지시할 때는 반드시 누구에게 한 일인지 명확하게 기록해야 한다. 그렇지 않으면 누구에게 언제까지 하라고 지시했는지 기억나지 않아 일의 중복이 생기거나 불필요한 확인 업무가 생길 수 있다. 그리고 실수했다면 즉시 인정하고 사과하자. 때로는 솔직함이 답이 될 수 있다.

내 마음 같지 않은 직원들 틈에서 살아남기

팀원들의 업무 스타일과 역량은 모두 다르다. 아무리 매뉴얼을 만들어 놓고, 시스템을 구축한다고 해도 업무숙련도와 이해도가 다르기 때문에 받아들이는 정도도 제각각이다. 팀원 개개인의 업무 스타일과 역량을 고려하고 배려하여 업무 지시를 하면 얼마나 좋을까? 하지만 실무에서는 쉽지 않다. 팀원 개개인의 역량에 맞게 배려하고 기다려 주는 것에 한계가 있게 마련이다.

한번은 김 대리에게 '업셀링을 위한 고객관리 방안'에 대한 기획 업무를 지시한 적이 있다. 김 대리는 하루가 멀다 하고 매일 팀장인 내게 물어보고 확인한 다음 업무를 진행했다. 그러다 보니 내가 업무를 하는 것 같은 느낌이 들 때가 한두 번이 아니었다. 어떤 날은 김 대리에게 지시한 업무에 답하느라 하루 종일 아무 일도 못 한 적도 있었다. 설명하느라 그렇게 진이 다 빠진 적은 처음이었다.

이 대리는 조금 더 심각한 상황이었다. 기한이 일주일밖에 남지 않은 고객관리 행사 프로그램을 완성하기 위해 전반적으로 이 주임과 함께 미팅하고 방향을 잡아 세세하게 설명하였다. 이 대리는 미팅 내내 고개를 끄덕이며 프로그램 방향성에 대해 공감하고 질문마다 자신있게 대답했다. 당연히 다 이해했을 거로 생각한 나는 이 대리에게 행사프로그램을 위임했다. 그러나 이 대리는 프로그램을 완성하지 못했다. 중도에 포기해버린 것이다. 결국, 내가 밤을 새워서 만들어 완성할 수 있었다.

이 대리도 김 대리처럼 계속 질문을 했다. 고객관리 행사 참석자는 총 몇 명인지, 임원은 누가 참여하는지, 총 예산은 얼마인지, 행사 진행 장소는 섭외되었는지 등 이 모든 것들을 다 확인하고 진행하라고 위임한 것인데 모두 내게 질문을 하면 그냥 내가 하고 말지, 왜 위임을 하겠는가? 보통은 기본적인 내용 확인은 유관부서를 통해 확인하고 진행하는 것인데 확인조차 하지 않고 내게 질문한 것이다. 결국, 이 대리에게 답변하느라 일주일을 다 보내고 시간 낭비만 한 채 겨우 프로그램을 완성할 수 있었다.

어느 날 우연히 지나가다가 다른 직원을 통해 이 대리에 대해 듣게 되었다. 어떤 업무든 팀장에게 사전 컨펌을 잘 받는 것으로 유명하다고 말이다. '사전 컨펌'이란 업무 진행 전 업무에 대해 확인 하는 것을 말한다. 원래의 목표와 방향성이 맞지 않아 실컷 해놓고 퇴짜를 맞지 않기 위해 확인하는 것이다. 업무를 명확하게 하기 위해 확인하는 것은 좋은 태도다. 하지만 이 대리가 내게 한 행동은 사전 컨펌이 아니라, 그냥 업무 자체를 물어보는 것이었다. 사전 컨펌과 업무의 명확한 구분이 없기에 벌어진 일인 것이다.

팀장은 직원에게 업무위임을 하면 알아서 잘할 것으로 생각한다. 직원은 딱 '시킨 것만큼만' 하려고 한다. 더하거나 덜하면 오히려 욕먹을 수 있다는 생각에 딱 거기까지만 하는 것이다. 그 이상을 생각하며 어떻게 하면 업무를 잘 이행할 수 있는지 스스로 발전해 나갈 생각은 없다. 오직, '어떻게 하면 시킨 업무를 욕 안 먹고 잘 해낼 수 있을까?'만 생각하는 것 같다. 동상이몽의 현장이다.

내 마음 같지 않은 직원들에게서 살아남기 위해서라도 직원들의 마음부터 이해할 필요가 있었다. 직원의 단어와 팀장의 단어는 달랐다. 팀장이 말하는 '업무의 위임'과 직원이 생각하는 '업무의 위임'의 기준 자체가 다르니 서로 힘만 빼고 제대로 진행을 못 한 것이다. 일단 이것부터 정리할 필요가 있었다.

위임은 팀장이 팀원을 믿고 신뢰한다는 것을 의미한다. 팀원 그 자체를 믿는 것과, 그가 맡은 업무를 책임지고 제대로 수행할 것이라는 믿음이다. 팀원이 제대로 잘 수행하게 하기 위해서는 무조건적인 위임이 아닌 팀원들의 성향과 역량에 따라 선택적 위임이 필요하다. 이때부터 나의 직원 성향분석 공부가 시작되었다.

자리가 사람을 만든다?

자리가 사람을 만든다. 이는 정말 만고의 진리다.

내가 팀원이었을 때 팀장의 꼬투리를 찾아내서 팀원들만 모여 있는 자리에 몰래 뒷담화를 하곤 했다. 팀장이 업무 지시를 하면 '하, 왜 또 나만 시켜!'라며 투덜거렸고, '그냥 대충 빨리 해치우자.'라는 생각이 지배적이었다. 미팅은 또 왜 이렇게 많은지. 미팅 때마다 팀원들에게 질문하면 눈 마주치지 않으려고 일부러 고개를 푹 숙이기도 했다. 가만히 눈을 내리깔고 '빨리 시간아 지나가라~' 라며 주문을 외웠다. 매번 팀원의 의견을 묻고 스스로 결정하지 못하는 팀장의 모습에 화가 나기도 했다. 결국, 아무 소득 없이 미팅이 끝나면 시간만 낭비한 것 같아 허무했다.

그렇게 팀장이 되고 나서야 '아, 그 전 팀장이 그럴 수밖에 없었구나.'라는 생각에 이해가 됐다. 그리고 그렇게 뒷담화하며 물을 흐리던 나 같은 팀원은 조직문화를 흐트러트리는 미꾸라지 같은 사람이라는 것을 알았다.

내가 팀원이었을 때 전 팀장은 배려가 깊은 사람이었다. 회의 진행 전 오늘 회의에 대한 안건을 사전에 정리하고 팀원들의 의견을 수렴하여 더 나은 의사결정을 하고자 했다. 팀원들에 대한 배려하는 마음으로, 팀원들과 함께 가족같이 즐겁고 행복한 직장생활을 꿈꾸었던 것이다. 다만 이에 대한 설명 없이 자꾸만 질문을 하니 팀원들은 시간을 허비한다고 생각했다. 팀장이 미팅만 소집했다 하면 자꾸만 시간 낭비하는 미팅이 되니 직원들 사이에 좋지 않은 이미지로 낙인찍혀갔다. 팀장의 행동을 전혀 이해하지 못하는 팀원들은 '하아, 또 미팅이야?'하며 도살장에 끌려가는 영혼 없는 모습으로 참여했다. 악순환의 고리가 형성된 것이다.

이 악순환의 고리를 끊는 방법은 없을까? 물론 있다. 개구리 올챙이 적 시절 생각 못 하듯 팀장은 자꾸만 자신의 팀원 시절을 잊는다. 원래 팀장이었던 것처럼. 그러니 먼저 팀원의 위치에 서서 바라봐야 한다. 팀장의 자리에서 팀원을 내려다보는 게 아니라 팀원과 같은 위치에서 바라보는 것이다.

시간을 되돌려 팀원이었을 때를 생각해 보자. 그때 당시 팀장의 기준 없는 업무 판단에 대해 비판하지 않았던가? 집안일로 급하게 휴가를 신청하였는데 센스 없는 팀장이 자꾸 질문해서 팀원들에게 센치(센스와 눈치)가 없다고 하지 않았던가? 심지어는 본부장님께 전략 발표를 할 당시 주요한 지표들을 누락하고 떨면서 발표하는 모습을 보고 그때 당시의 팀장에 대한 자질을 의심하지는 않았는가?

그때 내가 한 생각과 행동 모두 지금 현재 팀원의 생각과 같다. 그러니 먼저 팀원의 입장에서 먼저 생각하자. 어떻게 하면 잘 따라올 수 있을지에 대한 해답은 바로 팀원의 니즈 파악에 있다. 물론, 모든 것을 맞출수는 없을 것이다. 때로는 강하게 압박을 하고 무조건 하게끔 채찍질해야 하는 상황도 있다. 하지만 팀원에 대한 존중이 바탕이 되면 팀원들도 따라오게 된다.

팀장이 되면 어떻게든 잘 이끌어야겠다는 생각에 책임감과 함께 열정이 솟아오른다. 무엇이든 다 할 수 있을 것만 같다. 팀원들도 자기 생각과 같을 거라는 '착각'을 하게 된다. 그러면서 자신이 꿈꿨던 이상적인 관계를 그리며 불도저처럼 나아간다. 그러다 어느 순간 내 생각과 다르다는 것을 알고 허탈해진다. 극심한 스트레스로 좌절하기도 한다.

이는 많은 팀장이 겪으며 성장하는 과정이다. 모두가 내 맘 같지는 않다. 그렇기에 그때 그 시절을 잊지 말아야 한다. 당시 나는 내가 팀장이 되면 업무적인 판단에서는 형평성에 맞는 동일한 기준을 적용하고, 팀원들이 갑작스러운 휴가를 신청해도 과거 나의 팀장과 같이 센치없이 추가적인 질문은 하지 않겠다고 다짐했다. 상사와 임원들 앞에서 발표할 때 주요 핵심사항을 스마트하고 심플하게 발표하며 팀원들의 기를 살리겠다고도 생각했다. 머릿속으로 상상의 나래를 펼친 것이다.

그런데 막상 팀장이 되어보니 그때의 내 다짐은 꿈이었다는 것을 알았다. 물론, 불가능하지는 않다. 다만, 상황이 그렇지 않을 수도 있고, 나도 모르게 예전 팀장 모습 그대로 답습하기도 한다. 그렇기에 '팀장 공부'가 필요하다.

지금 팀장이 될 준비를 하고 있거나 이제 막 팀장이 되었다면 미리 팀장의 역할과 관리에 대해 전문가(상사)의 조언을 구하거나 자기계발 도서 등을 통하여 간접 경험을 누적하는 것이 매우 중요하다. 때론 직접 부딪히며 경험해보는 것이 더 빠를 때도 있다. 이때 팀원들 입장에서 생각하고, 바라보자. 그 속에서 답을 찾을 수 있을 것이다. 자리가 사람을 만들지만, 그 자리를 온전히 내것으로 만들기 위해서는 꾸준한 공부와 역량관리가 필요하다.

내가 바랐던 팀장의 모습이 모두가 바라는 것과 같다는 것을 잊지 말자.

제2장
공동운명체 '팀'

우리는 공동운명체다

팀은 회사의 목표달성을 위해 존재한다. 회사는 영리 행위를 목적으로 하기 때문에 목표달성에 필요한 팀을 형성하기도 하고, 형성된 팀이 목표달성에 대한 기여가 없거나 비용 소진이 많을 경우 팀을 해체시키기도 한다.

결국, 회사가 있어야 팀이 있다. 팀인 우리는 공동 운명체이다. 공동 운명체란 '둘 이상의 사람이나 단체가 협력하여 앞으로의 존망이나 생사에 관한 처지를 이끌어 가는 유기체적 존재'를 말한다. 성장하기 위해서는 나 혼자 잘한다고 되는 것이 아니라는 말이다.

과거 팀원이었을 때 팀장이 상사에게 쩔쩔매는 상황을 본 적이 있었다. 당시 뭐가 그리 켕기는 게 많은지 당당하게 대하지 못하고 쩔쩔매고 굽

신거릴까 생각한 적이 있었는데, 팀장이 된 지금, 이제야 조금은 알 것 같다.

팀의 성과가 낮거나 팀원 중 누군가 회사에 손해를 끼치는 행동을 하였을 경우 팀장은 한없이 상사 앞에서 작아질 수 있다. 아니, 무릎도 꿇을 수 있다. 팀을 유지하기 위해서라면 그 이상도 못하겠는가? 팀장은 팀을 대표하기에 팀원의 잘못 또한 내 잘못이 된다. 그렇기에 성과는 내도 그만인 것이 아닌, 반드시 내야만 하는 것이다.

팀의 성과를 이끌어 내기 위해서는 기본적으로 팀원과의 커뮤니케이션 능력이 중요하다. 일방적으로 전달되는 커뮤니케이션이 아닌 팀원과 서로 원활하게 주고받을 수 있는 쌍방적 커뮤니케이션 말이다. 즉각적이고 반복적인 메시지 교환과 피드백이 원활하게 이뤄져야 한다.

실무상 팀장은 팀원에게 일방적으로 정보를 전달하거나 업무를 지시하는 경우가 많다. 겉보기에는 효율적으로 보일지는 모르지만 속에서는 불평불만으로 가득 차 언제 터질지 모를 시한폭탄과 같다. 지금 당장의 효율이 아닌, 더 멀리 보고 지속가능한 성장에 초점을 맞춰야 한다. 그러기 위해서는 팀장과 팀원 또는 팀원과 팀원 사이에 상호 존중하는 문화가 구축되어야 한다. 서로의 의견을 존중하고 아이디어를 공유하고 나아가 업무의 완성도까지 높일 수 있다.

아무리 친분이 있다고 해도 반말이 아닌 존댓말을 하는 문화를 만드는 것부터 시작해보자. 직급이 높다고 반말을 하고, 직급이 낮다고 존댓말을 하는 것이 아닌, 모두가 수평적이라는 것을 보여주는 것이다. 누군가 의견을 냈을 때 "그건 아니지!"라며 질타를 한다면 위축이 되어 좋은 의견이 나올 수 없다. 팀 내 심리적 안정감을 만들어 누구든 자신의 의견을 낼 수 있다는 분위기 형성이 중요하다.

팀장 혼자서는 절대 팀 전체의 문화를 바꿀 수 없다. 팀원들과 함께 만들어야 한다. 그러기 위해서는 팀원들을 내 편으로 만들어야 한다. 그들이 잘 할 수 있는 것, 잘하는 것에 집중해보자. 팀원들의 강점과 장점을 찾다 보면 팀장 또한 그들의 좋은 점이 보이게 되고, 팀원은 팀장의 칭찬에 고래 춤을 추며 신나게 일할 수 있을 것이다.

상호 존중을 바탕으로 수평적 조직문화를 구축하고 나면 그다음부터는 쉬워진다. 어떤 일이든 적극적으로 참여하게 될 테니 말이다. 이때 1~2개월정도의 단기 목표를 설정해보자. 협업을 통한 성공 경험을 빠르게 맛보게 하는 것이다. 이 경험을 한 번 맛보면 헤어 나올 수 없다. 계속해서 앞으로 나아가는 원동력이 된다. 몇 번의 작은 성공 후, 중장기 목표를 세워보자. 팀원들은 여느 때와 달리 더 집중하고, 서로를 응원하게 될 것이다.

작은 물방울이 모여 거대한 물레를 돌리는 것처럼, 작은 성공 경험과 팀원들의 힘이 합쳐 더 큰 목표를 향해 나아갈 수 있다. 우리는 공통운명체다.

워라밸을 지킬 것인가?
조직 성장을 지킬 것인가?

워라밸을 지킬 것인가, 조직 성장을 지킬 것인가? 팀장으로서 팀을 운영하다 보면 이 부분에서 고민이 많아진다. 나 또한 가정이 있기 때문에 일과 가정의 밸런스를 맞춰주고 싶지만 쉽지가 않다.

워라밸은 일(Work)과 삶(Life)의 균형(Balance)이라는 뜻으로 개인의 일과 생활이 조화롭게 균형을 유지하고 있는 상태를 의미한다. 팀이 장기적으로 롱런하기 위해서는 일과 생활의 조화는 필수다. 너무 업무만 몰아쳐서도, 쉼을 주어도 안 된다. 적절한 쉼과 업무, 그에 따른 만족감이 회사에 대한 충성심과 사기를 향상 시킬 수 있다. 나아가 업무 성과뿐 아니라 건강한 조직문화 구축에도 도움이 된다.

팀원들의 워라밸을 지켜주기 위한 제도는 다양하다. 탄력적 근로 시간제, 보육 지원, 교육지원, 장기 휴가 제도 등이 있다. 이중 팀원의 워라밸을 지켜주는 가장 기본적인 것은 근무 시간이다.

A 신임 팀장은 요즘 팀 분위기가 많이 다운되어 있는 것 같아 분위기 전환도 할 겸 회식하기로 큰마음을 먹는다. 팀원들에게 환하게 웃으며 오늘 팀 저녁 식사를 함께하자고 공지한다. 기분 좋으면 2차도 쏜다고 한다. 당연히 좋아할 직원들의 얼굴을 기대하며 바라본다. 그러나 직원들은 뜨뜻미지근한 표정으로 서로를 바라보며 난처해한다. 기대했던 표정이 아니라 팀장도 당황스럽다.

신임 팀장은 이제 막 팀장이 되어 오직 팀 생각뿐이다. 어떻게 하면 화합과 단결을 끌어낼 수 있을까 고민하다 당일날 회식 공지를 하는 경우가 종종 있다. 물론 팀원들과 함께 저녁 식사를 하면서 그동안 쌓여 있던 스트레스도 풀고 보이지 않는 벽도 허무는 시간을 갖는 것은 좋다. 다만, 팀원들에게 미리 공지되어야 한다. 각자 자신만의 사정이나 스케줄이 있을 텐데 미리 확인하지 않고 잡아버리면 불만이 생길 수밖에 없다. 스트레스를 풀자고 한 회식인데 오히려 스트레스를 제공하는 꼴이 될 수 있다.

회사에서는 다양한 업무가 수시로 주어지곤 한다. 급하게 지금 당장 보고서를 작성해야 하기도 하고, 처리해야 할 일이 생기기도 한다. 이때 업무의 속도와 효율성을 높이기 위하여 팀원의 현 업무 상황 등을 고려하고 업무 지시를 하게 된다.

회식도 마찬가지다. 회식은 '휴식', '놀이'가 아니다. 업무의 연장선일 뿐이다. 안 그래도 업무로 힘든데 신임 팀장의 필요로 인한 회식은 반갑지 않을 수밖에! 그렇다고 회식을 하지 말라는 뜻이 아니다. 회식하되, 반드시 팀원들에게 미리 일정을 공유해서 알려야 한다는 것이다. 왜 회식을 하는지, 회식을 진행하게 되는 배경에 대해서도 사전 공유가 필요하다. 그래야 팀원들도 꼭 필요한 회식으로 받아들이고 배려에 감사함을 느낀다.

내가 팀원이었을 때를 생각해보자. 당일 갑작스러운 회식 공지에 내 기분이 어떠했는지 돌아보면 쉽게 이해가 될 것이다.

회식 말고도 조직 성장을 위한 방법은 많다. 직원들은 급여만 많이 준다고 움직이지 않는다. 개인의 성장 발달에 도움이 되는지에 따라서도 움직인다. 스스로 만족하지 못하면 급여가 높아도 이직할 수 있다.

요즘 팀원들은 업무시간을 제외하고 각자의 취미 생활과 자기계발을 열심히 한다. 새벽에 영어학원을 가서 영어공부를 하기도 하고, 새벽 러닝, 점심시간을 활용한 독서 등 제2의 삶을 준비하며 세미나를 참여하기도 하며 배움을 게을리하지 않는다. 오직 회사에만 충성하던 시대는 지났다. 업무는 업무시간에 집중하고, 퇴근 시간을 지켜주어서 스스로 성장할 수 있도록 배려가 필요하다. 단, 업무시간에 집중할 수 있도록 환경 설정이 필요하다. 시간만 채우다 퇴근하는 것이 아닌, 초집중 모드로 업무 성과를 달성할 수 있도록 해야 한다.

자기계발도 좋지만, 자기계발이 회사의 업무와 연결되어 있다면 팀원의 만족도는 더욱 높아진다. 팀원들이 어디에 관심이 있는지, 업무와 연결성이 없는지 찾아보자. 적당한 워라밸은 팀원을 성장시키고, 곧 팀의 성장으로 연결된다.

같은 목표를 향해 달려가라

왜 '팀'일까? 각자 일하면 더 편하고, 빠르게 할 수 있는데 왜 팀을 이뤄 일을 할까? '혼자가면 빨리가지만 함께하면 멀리간다.'라는 말이 있다. 혼자하면 빠르게는 할 수 있지만 깊이가 없거나 확장된 사고를 하지 못해 딱 거기까지만 할 수 있다. 팀으로 시너지를 내기 시작하면 +1이 아닌, X 무한대의 성과를 낼 수 있다. 그렇기에 팀이 필요한 것이다.

팀이 높은 성과를 내기 위해서는 팀원이 필요하다. 팀원들이 함께 같은 목표를 향해 달려갈 때 몇배의 결과를 얻을 수 있다. 팀장 혼자 팀의 성과를 내는 것은 거의 불가능하다. 팀장은 배가 엇길로 새지 않고 순항할 수 있도록 지휘하는 선장과 같다. 그 지휘에 맞춰 선원들이 자신의 업무를 해낼 때, 배는 암초에 부딪히지 않고 안전하게 목적지를 향해 갈 수 있다. 그렇기에 팀장은 팀원들의 역량에 따라 업무를 분배하고 잘 실행할 수 있도록 동기부여하고 때로는 질책과 채찍질도 해야 한다.

그로 인한 결과에 대한 책임도 팀장의 몫이다. 팀원들의 강점과 약점을 분석하고 그에 따라 적정한 위치에 배치해서 성과를 높일 수 있도록 하는 것이 팀장의 역할이기 때문이다. 팀원들은 서로서로 다양하고 세상을 바라보는 관점도 각자 차이가 있다. 생각 차이가 당연히 생길 수밖에 없다는 것을 팀장 스스로가 먼저 받아들여야 한다.

그렇기에 명확한 목표와 기준이 중요하다. 목표를 수치화해야 다양한 관점과 생각들을 모두 담을 수 있다. 팀원들이 같은 목표를 향해 달려가기 위해서는 팀의 합리적인 목표설정이 우선시 되어야 한다. 헷갈릴 수 있는 모호한 표현은 배제하고, 측정 가능한 명확한 기준을 공유해야 한다. 팀의 정책과 절차에 부합되어야 하며 목표치는 기대, 동기부여, 도전정신을 유발할 수 있어야 한다.

우리 팀은 목표설정을 할 때 제일 즐겁다. 목표는 상위부서에서 제시한 핵심성과 지표(KPI_Key Performance Indicator)를 적용하여 수치로 설정한다. 목표가 작년 대비 매우 높지만, 목표설정 미팅을 할 때 이미 달성한 것처럼 팀 분위기를 이끌어낸다. 미팅 시간만큼은 축제 분위기다.

"이 대리님, 올해 목표를 달성했을 경우 제일 먼저 하고 싶은 것인 뭔가요?"라고 물으면 이 대리는 "만세를 부를 겁니다. 목표달성이 처음이거든요."라며 답한다. 마치 진짜 이루어진 것처럼 상황설정을 하고 대화를 하기 때문에 모두들 흥분하고 들뜬 상태다. 달성하면 이렇게 될 것이라는 것을 온 몸으로 느끼고 난 다음 "그럼 우리가 목표달성을 위해 해야 할 것들이 무엇인지 고민해 보고 다음 미팅 때 각자 3가지 정도 공유하는 시간을 가져봅시다!"하고 과제를 낸다. 이미 느꼈기에 각자 준비해오는 3가지 방안은 실질적이면서 무조건 성공할 수밖에 없는 것으로 준비해 온다. 혹, 조금 부족해도 괜찮다. 모두가 준비해온 방안을 이어붙여서 가장 적합한 방법으로 실행하기에 모두의 의견이 들어간다. 당연히 될 수밖에 없지 않겠는가?

우리 팀만의 목표를 설정했다면 이제 보상을 정할 차례다. '월급 주면 됐지 무슨 보상이야?'라고 생각한다면 오산이다. MZ 세대는 그에 걸맞은 보상이 없으면 잘 움직이지 않는다. 돈 받은 만큼 일한다가 그들의 사고방식이다.

보상이 꼭 돈만 있는 것은 아니다. 승진이나 휴가, 보너스 등을 지급할 수 있다. 특히 높은 목표를 달성한 경우 보상 또한 기대하지 못한 특별한 것이면 더욱 좋다. 실행해서 팀 자체 성과뿐 아니라 개인의 성과도 함께 있으면 충분히 도전 가치가 있다. 직원들은 오직 '회사를 위해'서만 일하지 않는다. 자신의 성장에도 도움이 되는지 면밀히 따진다. 그게 바로 팀이고, 오래 롱런할 수 있는 비결이다.

모든 팀원들은 각자 잘하는 것과 못하는 것이 분명하다. 단점을 최소화하고 장점을 극대화하는 것이 팀장의 능력이다. 어떻게 역량을 끌어올리느냐에 따라 개개인의 성장과 함께 팀의 성장 수치가 달라진다. 팀장은 팀원들의 재능을 분석하고 충분히 발휘할 수 있도록 멍석을 깔아주어야 한다. 주제만 던져줘도 스스로 모든 것을 하는 사람이 있는 반면, 세밀하게 하나하나 그림을 그려서 보여줘야 하는 사람이 있다. 스스로 하는 사람에게 세밀하게 지시하면 '나를 믿지 못하나?'라는 생각에 오히려 사기가 떨어질 수 있다.

이런 팀원들의 스타일과 성향을 파악하는 것부터가 팀장 일의 시작이다. 큰 틀과 기준은 있어야 하지만 그 외 세세한 부분은 그때그때 달라질 수 있다. 자꾸만 틀 안에 가두려고 하면 오히려 성과와는 더욱 멀어질 수 있다.

우리는 같은 목표를 향해 달려가는 하나의 '팀'이다. 그리고, 하나이기 이전에 개개인이다. 표준화된 팀의 목표를 정하되, 그 속에 팀원 개개인의 역량, 성향을 모두 담아 정한다면 성과창출뿐 아니라 팀원 스스로 신나게 일할 수 있을 것이다.

'미팅'보다 '대화'하라

미팅은 공식적인 일이지만 대화는 일상이다. 일상의 대화에서 직원들의 힘든 점이나 어려움을 캐치하고 지속적으로 동기 부여하는 것이 중요하다.

팀원 A가 요즘 이상하다. 표정도 안 좋아 보이고 집안에 무슨 우환이 있는 것 같아 보인다. 업무 성과도 자꾸 떨어지고 해서 팀장 타이틀을 떼고 일대일로 커피 한 잔 마시자고 불렀다. 팀장으로서가 아닌, 사람 대 사람으로서, 선배와 후배로서 얘기해보자고 하며 대화를 시작했다.

A의 고민은 마감기한이 도래하는 보고서 초안을 아직 완성하지 못한 것이었다. 시간은 촉박하고 누구에게 도움을 청해야 할지 모르는 상황이다. 우선 A 팀원을 안심시키고 티 타임을 마치고 난 후 이 대리를 불러 지원하도록 하였다.

팀원들 개개인에게는 서로 다른 각자의 목표가 있다. 그 목표가 팀을 위한 것도 있지만 지극히 개인적인 것도 있다. 각자 다른 생활권에서 살다온 사람들이 모여 있는 팀이 성장하기 위해서는 개개인의 존중에서 시작된다. 팀원의 개성을 존중하고 개인의 장점과 강점을 계발할 수 있도록 지원해야 한다. 이때 단점에 집중하기보다 강점에 집중하자. 단점에 집중하다 보면 강점마저도 약해지는 경우가 발생할 수 있다. 팀장은 팀원의 강점을 찾아 부각시키고 더 발전시킬 수 있도록 해야 하며 단점은 강점으로 보완할 수 있도록 코칭해야 한다. 팀원 각자의 재능과 업무역량을 충분히 발휘될 수 있도록 가능한 모든 수단을 동원하며 팀원의 존재를 알릴 수 있도록 함께 지원해야 한다.

자기 생각을 기준으로 판단하지 말고 팀원을 관찰해서 그들의 독특한 재능을 빠르게 파악하자. 개인의 동기부여 방식 및 사고방식, 개인의 관계 형성 방식 등 모두가 다르기에 이를 활용하여 업무 성과를 낼 수 있도록 지원해야 한다.

이 모든 것은 대화로 충분히 파악할 수 있다. 보통 미팅에서는 회사의 전략과 방향성 등 정보와 공지에 대해 주로 이야기를 한다. 대화를 통해서는 개인의 장단점, 목표, 꿈 등을 알아낼 수 있으며 다른 팀원들과 어떤 관계를 유지하고 있는지 또 그들이 어떤 판단을 내리고 무엇에 관심이 있는지를 파악할 수 있다.

찐 팀장은 많은 시간을 할애하여 팀원들을 관찰해야 한다. 시간을 두고 행동을 관찰하는 것이 팀원의 개성과 재능을 발견하는 가장 확실한 방법이라 할 수 있다. 사람은 모두 다르다. 각자 다르게 접근하고 파악해서 코칭해야한다.

필요시 직접적으로 목표가 무엇인지 물어볼 수 있다. 그 목표가 팀 목표와 부합한다면 금상첨화지만 그렇지 않다고 해도 팀 목표와 연계해서 진행할 수 있다. 그게 팀장의 능력이다. 팀원들의 목표를 달성하기 위해 어떻게하면 좋을지, 목표를 향한 과정을 어떻게 설계할지, 이를 위해 팀장인 나와 함께 할 생각은 있는지 직접 물어봐야 한다. 목표달성을 위한 대화 횟수까지도 정할 수 있다. 팀원은 이런 대화를 통해 진정으로 자신을 위해 노력하고 있는 모습에 감동하게 되고, 끈끈한 라포를 형성할 수 있다.

'대화'라고 표현했지만 실은 대화를 통한 '라포형성의 장'이다. 이 라포가 제대로 형성되기 위해서는 먼저 팀원의 정보를 수집하고 정리해두어야 한다. 체계적인 파일을 만들고 각 팀원마다 따로 폴더를 마련하여 필요한 내용을 필요한 시점에 확인할 수 있도록 한다. 팀원의 더욱 많은 정보를 획득하기 위해서는 미팅보다는 대화를 더 많이 해야 해서 정보를 확인하고 수집해야 한다. 정보가 부족하면 고정관념과 일반화에 얽매여 찐 팀장의 기능을 상실할 수도 있다.

여기서 정보는 '팀원을 마음껏 부려먹기 위함'이 아니다. 팀원별 성향과 역량에 따라 차별화된 관리를 통해 개개인 목표를 달성하게 하기 위함이다. 이는 팀 성과로 이어지게 되고, 함께 성장하는 윈윈전략이다.

팀원들을 관찰하라. 그들이 진정 원하는 것이 무엇인지 파악하고 기록하라. 잠깐의 커피타임으로 팀원 개개인의 성향에 따라 목표를 세우고 성장할 수 있다면 팀원들도 팀장을 믿고 따를 것이다.

성과평가는 공정해야 한다

성과평가는 득일까 실일까? 어떻게 평가하고 활용하느냐에 따라 팀 문화가 달라질 수 있다. 성과평가는 회사를 위한 것만은 아니다. 팀원들 또한 공정한 평가를 통해 인정받았을 때 보람을 느끼고 업무 능력도 더 향상될 수 있다.

중요한 것은 '공정한 평가'다. 그런데 대부분 팀장은 업무평가의 기준이 명확하지 않아 어떻게 해야 할지 모르는 경우가 많다. 팀원 개개인의 성향과 역량도 다르다 보니 동일한 기준으로 평가를 해도 수용하지 못하기도 한다. 이런 경우 팀장은 무엇에 집중하고 근거해서 평가해야 할까?

기존의 팀 문화를 보면 대부분 성과에 관한 결과를 평가받거나 평가하는 것에 익숙해져 왔다. 단기적인 프로젝트의 경우 바로바로 평가할 수 있지만, 한 달 이상 장기적인 프로젝트의 경우 바라보는 시각이 달라져야 한다. 성과평가 하기 전 '성과관리'가 우선되어야 한다.

성과관리란 팀원 개개인의 업무 수행 과정에서 팀 목표에 부합하는 팀원 개개인의 목표를 수치화하고 개인이 목표한 바를 달성할 수 있도록 지원하고 코칭하며 이를 통해 팀원이 성장해 나갈 수 있도록 촉구하는 일련의 과정을 관리하는 것이다.

쉽게 말해서 팀원 개개인 별로 목표치를 달리하고 각자가 스스로 달성할 수 있도록 관리한다는 것이다. 성과관리는 팀장의 성향과 스타일에 따라 다양하게 적용 가능하다. 그중 4가지 성과관리 방향을 알아보자.

첫째, 단순해야 한다.

회사에서 제공하거나 제시하는 성과측정 방식은 복잡한 편이다. 어려운 용어와 복잡한 평가 양식에 답변 달기도 어렵다. 거의 체크리스트에 끼워 맞춰서 점수를 매기는 상황이다. 그렇게 평가한 것이 과연 제대로 된 평가라 할 수 있을까? 팀원들도 의문을 제기할 수 있다. 누구나 읽어도 이해할 수 있고 쉽고 단순해야 한다.

예를 들면 영업실적 평가 시 각각의 거래처별로 가중치를 두어 평가한다거나 거래처별 배출의 생산성으로 평가할 때 복잡하게 느껴질 수 있다. 계산도 어렵고, 그래서 내가 잘하고있다는 것인지, 얼마만큼 더 해야 목표를 이룰 수 있는지 직관적인 판단이 서지 않는다. 그러다보면 목표 달성이 아닌, '그냥' 하게 된다. 하라니 하고, 하지 말라니 안하게 되는 것이다.

이럴 땐 목표를 쉽고 단순화시켜서 직관적으로 보일 수 있도록 하는 것이 좋다. 목표가 별것 아닌것처럼 느껴질 수 있지만 팀원들을 스스로 움직일 수 있는 하나의 원동력이 될 수 있다. 거래처별 가중치나 생산성 같은 복잡한 평가보다 전체 매출 또는 전체 거래처 수로 평가하는 것이 좀 더 단순하게 느껴진다. 이는 매출 증가와 거래처 확보에 더 집중하게 된다.

둘째. 팀장은 주기적인 소통을 통해 성과관리를 해야 한다.

겨우 일 년에 한두 번씩 인사평가 후 등급을 정하기 위한 성과평가 방식으론 부족하다. 그사이에 수많은 프로젝트를 진행하면서 팀원 개개인의 역량과 능력이 시시각각 바뀌고, 매 순간 그들의 역량을 끌어올리기 위해 동기부여가 필요하기도 하다.

이때 주의해야 할 것은 성과관리를 핑계로 '지시'하지 않도록 해야 한다. 어제도, 오늘도, 매일매일 성과를 내기 위해 소통한다며 업무 지시를 한다면 결국 성과평가에서도 낮은 점수를 받을 수밖에 없다.

팀원들과의 소통에는 기본적으로 팀원의 목표한 바를 이룰 수 있도록 세밀하게 파악하고 접근해야 한다. 또한, 팀원이 이 업무를 통해 어떤 점에서 성장할 수 있는지도 공유되어야 하며 팀원의 강점 또는 부족한 역량은 무엇이고 어떻게 지원할 수 있는지 등에 대해 소통되어야 한다.

셋째, 미래 지향적이어야 한다.

팀원의 과거 평가와 자료를 근거로 현재를 단정하고 예측해서 관리하면 위험하다. 그 당시에는 그럴만한 사정이 있었을 수도 있고, 지금 현재는 완전히 다른 모습임에도 과거로만 평가해서는 안 된다. 팀원들의 가장 큰 관심은 현재 과정을 통한 개인의 미래 모습에 있다. 간단하게 중간 결과에 대한 수치를 기반으로 리뷰만 하고 나머지 시간은 미래 지향적이고 창조적인 내용으로 미팅을 이끌어 가야 한다.

넷째, 주기적인 중간성과 리뷰를 한다.

이를 통해 개인 각자가 이룬 성과와 이를 통한 성장 학습이 이뤄졌는지는 스스로 되돌아볼 수 있도록 해야 한다. 회사에서는 성과평가가 일방적으로 이뤄지는 경우가 적지 않다. 하지만 찐 팀장은 팀원의 성과관리 과정을 개인의 성과와 성장 학습의 내용을 스스로 되돌아볼 수 있는 기회를 제공한다. 팀원 각자에게 자신의 목표와 성취, 성과관리 과정에서 발견하고 학습한 것들을 기록하게 하며 이를 토대로 본인에 대한 스스로 성과에 대한 책임의식을 갖도록 해야 한다.

성과평가전에 성과관리를 한다면 자연스럽게 성과는 올라갈 것이다. 평가를 하기 전 평가를 하는 '목적'이 명확해야 한다. 단순히 순위 매기기는 의미 없다. 실제 매출이 오를 수 있어야 하는데 매출은 제자리걸음이거나 하위인데 그 안에서 성과평가를 한들 무슨 소용이 있겠는가? 결국, 팀원 한 명, 한 명이 스스로 성장할 수 있도록 각자의 역량에 맞는 목표를 설정해주고 끝까지 끌고 갈 수 있도록 하는 '관리'가 필요하다.

우리 팀만의 성과관리 기준을 정해보자. 복잡하지 않고, 단순하게. 개인의 목표와 팀의 목표가 합일될 수 있게 만들자. 회사뿐 아니라 팀원도 만족하는 평가제도가 될 것이다.

성과는 높지만 물을 흐리는 미꾸라지 직원을 대하는 법

성과는 높은데 자꾸만 팀의 분위기를 흐린다면 어떻게 해야 할까? 분명 팀 내 1명쯤은 있을 것이다. 미팅 때마다 불만 가득한 얼굴로 아이디어를 제안해도 특별한 이유 없이 무조건 반대하고, "근거가 뭡니까?"라며 꼬투리를 잡으며 질문하는 팀원. 우리 팀만 존재하는가 싶어 둘러보면 꼭 한 명은 있다며 덕분에 골머리를 썩는다는 팀장이 있다.

왜 이런 팀원이 대부분 존재하는 것일까? 무엇이 문제일까? 어디서부터 잘못된 것일까? 그냥 모두 다 만족시킬 수 없다고 스스로 자위하며 포기해야 하는 것일까? 그러기에는 그 미꾸라지 같은 팀원 하나 때문에 전체 팀의 분위기가 망가져 버린다. 가만히 보고 있을 수 없다.

분명 팀장 직함을 달 때만 해도 행복했다. 팀원들이 단합해서 제시한 방향을 함께 바라보고 협력해서 팀 성과를 내는 모습과 그 앞에서 진두 지휘하는 내 모습을 한 번쯤은 상상해봤을 것이다. 나 또한 그랬다.

팀원들 모두를 만족하게 하고 싶어서 코칭 공부도 하고 팀원 개개인별로 면담하면서 전문적으로 코칭하려고 노력도 했다. 하지만 현실은 상상과 달랐다. 이렇게 하면 따라줄 것 같았는데 따라주기는커녕 대답도 하지 않는 경우도 있다. 내 말이 잘 안 들리는 것처럼 행동하기도 한다. 무조건 반박하는 것보단 낫지만 도긴개긴이다.

실제로 신임 팀장의 경우 하는 일이 너무 많다. 당장 처리해야 할 업무도 많지만 타 팀과도 협업해야 하는 상황이다 보니 하루에도 수십 건에 대한 의사결정을 내려야 한다. 가끔 지금 내가 제정신으로 움직이는 건가 싶을 때도 있다. 그만큼 정신없이 일한다. 때론 팀원에게 업무 시키는 게 눈치 보여 그냥 팀장이 하는 때도 있다. 차라리 마음 편하게 살자는 것이다.

이렇다 보니 팀원 개개인의 현 상황과 문제점 등을 세심하게 파악하지 못하고 그냥 넘어가게 되는데 이런 것이 쌓이다 보면 팀원들과 멀어지게 되고 결국에는 정말 나 홀로 팀장이 되어버리게 된다.

일단 미꾸라지 직원부터 잡아야 한다. 3단계 문제 해결 방법을 따라가면 어느새 팀 내 에이스가 되어있을 것이다.

첫째, 팀원의 업무 성과에 대한 자료를 모두 수집한다.

우리가 잊지 말아야 할 것이 있는데 기본적으로 팀원에게 코칭을 하기 위해서는 먼저 칭찬을 해야 한다. 무엇을 잘했고, 무엇을 못했는지를 알아야 객관적인 칭찬이 가능하다. 무작정 "정말 너무 잘한다."라고 칭찬한들 먹히지 않는다. 직원들도 다 안다. 영혼 없는 칭찬인지, 진심어린 칭찬인지.

지금까지 이룬 성과를 수집하고 정리하자.

둘째, 미꾸라지 팀원과 친밀한 관계이거나 영향을 줄 수 있는 브릿지 역할을 할 팀원을 섭외한다.

팀장의 아이디어나 업무 제안에 반하는 태도를 보이는 것은 팀장과의 신뢰가 낮고 관계가 좋지 않다는 뜻이다. 이런 경우 둘만 미팅하거나 면담을 진행하는 경우 오히려 극단적인 태도를 취할 가능성이 있기 때문에 사전에 섭외한 팀원과 함께 진행하는 것이 효율적이다.

먼저 1차적으로 관계성이 있는 팀원과 간단히 1:1 면담을 한다. 티타임의 가벼운 마음으로 진행하는 것이 좋다. 일상적인 대화로 시작해서 칭찬으로 마무리되어야 한다. 이때 자연스럽게 미꾸라지 팀원의 업무 성과에 대한 칭찬도 포함한다.

이후 미꾸라지 팀원의 현 상황과 문제점 등에 관해 확인 한다. 팀장에게는 그동안 말하지 못했던 세부내용 등을 확인할 수 있을 것이다. 공정한 성과로 승진을 기대했다거나, 특별 교육 대상에 포함될 줄 알았다거나, 프로젝트 멤버에 포함될 수 있도록 팀장님이 추천해 줄 것이라 생각했을 수도 있을 것이다.

셋째, 마지막으로 팀장 자신이 '팀원들의 원인 없는 행동은 없다.'라는 것을 받아들이는 것이다.

위 두 번째 관계성 있는 팀원과 사전에 문제점들에 대한 세부내용을 확인하고 팀장은 그것이 무엇인지 고민하고 생각할 줄 알아야 한다. 또한, 팀장으로서 팀원의 고민을 적극적으로 해결해주려고 하는 자세가 가장 중요하며, 팀장 자신의 잘못에 대해서는 객관적으로 인정할 준비를 해야 한다.

미꾸라지 팀원과 관계성 있는 팀원, 그리고 팀장 이렇게 셋이서 미팅을 진행하여 보자. 성과 자료를 토대로 현재까지의 성과에 대한 칭찬을 먼저 하고 그동안 팀장과의 세심한 소통이 부족한 것을 객관적으로 인정한다. 그리고 미꾸라지 팀원의 미래 성장에 대해 그려보자.

1차적으로 관계성 있는 팀원과 면담을 마친 후 2차적으로 미꾸라지 팀원과 함께 점심 또는 티타임을 갖는 것이 좋다. 2차면담은 2~3일 정도 기간을 두는 것이 좋다. 이 기간에 미꾸라지 팀원과 눈인사 정도의 가벼운 터치를 진행하자.

그리고 2차 미팅 시 차분한 마음과 미소를 유지하자. '나는 너의 성장을 진심으로 응원하고 있어'라는 마음으로 미팅을 진행하고 미꾸라지 팀원을 응원해 보자. 어쩌면 미팅 마무리쯤 미꾸라지 팀원의 진심이 담긴 눈물을 볼 수 있을 것이다.

기록으로 정보를 공유하라

'적자생존'을 아는가? 우스갯소리로 '적는 자가 살아 남는다.'라는 뜻이다. 원래 뜻인 '환경에 적응하는 생물만이 살아남고, 그렇지 못한 것은 도태되어 멸망한다.'와도 일맥상통한다. 결국, 살아남는 자와 도태되는 자로 구분되는 것이다.

하나의 목표를 향해 나아가려면 모든 미팅과 소통에서 '기록'은 필수다. 미팅이 아닌 식사자리에서의 대화라고 하더라도 좋은 아이디어나 업무의 방향성이 나왔다면 그 즉시 기록해야 한다. 밥 먹다 말고 무슨 일이냐고 할지도 모르겠다. 일을 하라는 게 아니라, 메모하라는 것이다. 메모는 일상이다. 언제, 어디서 좋은 생각이 날지 모르기 때문에 늘 메모하는 습관을 장착해야 한다.

특히 팀원들과의 미팅에서 회의록을 반드시 작성해야 한다. 보통 회의

록은 직급이 제일 낮은 막내가 담당하는데 이는 옳지 않다. 실무를 담당할 사람이 작성하는 것이 가장 좋다. 기록하면서 어떻게 업무를 분리할지 계획을 세울 수 있고, 작성하면서 머릿속에 기억될 수 있다.

간혹 회의록이 없는 경우에 미팅을 진행할 때가 있는데 그럴 때 여러 아이디어가 나와도 놓치게 된다. 가끔 신임 팀장이 이런 실수를 하곤 한다. 당장 '미팅'이라는 것에만 초점이 맞춰져서 필요한 준비를 놓치는 것이다. 작은 실수지만 이로 인해 결정된 업무가 누락되기도 한다. 당연히 팀원들의 신뢰도는 바닥을 치게 되고 팀장으로서의 위치도 바닥에 떨어지게 된다.

내가 신임 팀장으로 부임했을 때 첫 미팅이라는 긴장감과 설렘으로 잊은 적이 있다. 팀원들의 발언 순서와 랩업등에 집중하며 정말 열정적으로 회의를 이끌어갔는데, 아뿔싸. 하나도 기록하지 않아서 그때 나온 아이디어와 내용이 하나도 기억이 나지 않는 것이다. 어쩔 수 없이 팀원들에게 다시 개별적으로 확인해야 하는 번거로움을 겪어야 했다. 부끄러움은 덤이었다.

이런 실수를 하지 않으려면 미팅을 주관하거나 요청할 경우 미팅에서 다뤄야 할 주제와 일정, 장소, 참가인원, 그리고 미팅 회의록을 작성할 팀원을 사전에 지정해 놓아야 한다. 미팅 진행 직전에도 해당 팀원에게 회의록 작성에 대한 준비가 되었는지 확인하는 것도 중요 포인트이다. 회의 후 모든 것이 사라지는 신기루 현상을 경험해보고 싶다면 하지 않아도 좋다. 그게 아니라면 확인, 또 확인해야 한다.

자, 그럼 작성한 회의록을 어떻게 활용할 수 있을까?

첫째, 여러 팀원이 제안했던 아이템 중 실현 가능성이 있는지 사전 시뮬레이션할 수 있다. A 팀원이 고객 프로모션 아이템을 제안했다고 하자. 그러면 이 아이템을 좀 더 구체화해서 시뮬레이션해본다.

시뮬레이션이란 '복잡한 문제나 사회현상 따위를 해석하고 해결하기 위하여 실제와 비슷한 모형을 만들어 모의적으로 실험하여 그 특성을 파악하는 일'을 말한다. 여기서 우리는 실물 상품을 제작하는 것이 아니기 때문에 모형을 만드는 것이 아니라 아이템을 실행했을 때 일어날 수 있는 여러 가지 상황들을 가정하고 필요경비나 요소들을 뽑아내는 것이다. 정말 효과적인지, 어떻게 해야 결과를 낼 수 있는지 미리 해봄으로서 실제 상황의 결과를 예측하고 최적의 설계를 할 수 있다.

이 대리는 올해 영업 실적을 향상 시키기 위한 방안으로 제안한 마케팅 아이디어를 시뮬레이션한 적이 있었다. 지난 영업 실적을 기준으로 월별 변동 실적을 점검하였으며 마케팅 아이디어를 투입하여 시뮬레이션 한 결과 130% 정도 영업 실적 향상을 예측할 수 있었다.

둘째, 팀원들의 자부심을 뿜뿜 시킬 수 있다.

팀원들은 자신의 아이디어가 기록되고 그것을 시뮬레이션하는 모습을 보며 소통이 잘되는 팀이라고 자부심을 갖게 된다. 그것하나만으로 팀의 성과가 올라간다.

셋째, 불필요한 업무를 줄일 수 있다.

이전 회의에서 한 말을 또 하지는 않는지, 지난번 한 내용 중 어디까지 진행되었는지, 이번 회의에 나온 안건은 어느 팀원이 어느 파트를 언제까지 할 것인지 등 표로 정리해서 한눈에 알아볼 수 있다. 이전에 진행했던 일을 또 지시하고 해야 하는 상황이 오지 않기 위해서라도 반드시 필요하다.

넷째, 소외된 팀원 없이 하나로 뭉치게 할 수 있다. 어쩔 수 없는 상황에서 미팅에 참여하지 못한 직원에게 하나하나 기억해서 전달할 수 없다. 회의록 하나만 읽어도 어디까지 진행되었고 자기 일은 무엇인지 명확하게 알 수 있어야 한다. 회의에 빠진 것도 아쉬운데 업무 내용까지 모르면 소외감과 함께 업무 참여가 힘들 수 있다.

기록하지 않으면 지나 가버린다. 지나간 것은 다시 되돌릴 수 없다. 기록을 통해 프로젝트가 잘 진행되고 있는지 체크하면서 피드백하자. 중간관리는 팀의 성과에 큰 영향을 미친다. 누구 하나 누락 되지 않고 소외감을 느끼지 않도록 기록하고 공유하자.

제3장
끼인세대 팀장이 살아남는 법

Part 1.
팀원과의 관계

일에 감정을 섞지 마라

팀원보다 팀장이 더 바빠야 한다

아프니까 청춘이 아니라, 팀장이 더 아프다

'업무 지시' 보다는 'WHY'와 'How'를 먼저 설명하라

팀원과 상사 사이 그 오묘한 관계 속에서 살아남는 법

일에 감정을 섞지 마라

우리는 대부분의 시간을 직장 내에서 보낸다. 당연히 가족보다 팀원들과 보내는 시간이 더 많다. 그러다 보니 팀원들과의 관계를 유지하는데 많은 에너지가 소비될 수밖에 없다.

특히 일에 감정이 들어가면 더하다. 이 사람이 좋아서 열심히 하고, 저 사람이 싫어서 일부러 훼방을 놓거나 대충한다면 팀 성장 목표는 무너지게 된다. 일은 '일'로서만 바라보아야 한다.

팀원 중에 선후배 관계로 지내다가 후배가 먼저 파트장으로 승진한 적이 있다. 분명 선배로 입사했지만 상황이 역전되어 선배 A는 후배 B에게 보고하게 되었다. 첫 시작이야 어찌됐든 직급이 우선이니 당연한 절차였다. 잘 하고 있을거라 생각하고 지내고 있었는데 어느 날 B가 나를 찾아와 선배와의 소통이 힘들다고 토로했다. A가 B에게 감정을 실어 업무 절차나 정보 공유를 제대로 하지 않는다는 것이었다. B또한 A가 선배였기에 부담스러워 명확하게 업무요청을 하지 않았고, 둘의 관계는 업무에도 악영향을 주었다.

이를 해결하는 방법은 매우 간단했다. 서로의 감정에 대한 오해를 풀기 위해 즉시 미팅을 소집하여 둘 간의 대화 시간을 마련해 주었다. 둘은 역시 서로에 대한 배려가 너무 강하다보니 오해가 생겼던 것이었다. 선배인 A는 B에게 너무 많은 것을 공유하면 부담스러워 할까봐 그랬다는 것이다. 일은 프로답게 하자며 잘 해결되었다.

지금은 둘이서 서로 의지하며 응원하고 있다.

일은 일이다. 회사에서는 직급대로 갈 수밖에 없다. 거기에 감정을 실으면 일이 힘들어진다. 이외에도 팀원들과의 대화 시 주의해야 할 주제가 있다.

첫 번째가 바로 종교이다. 종교에 대해서 서로 다른 견해로 감정에 상처를 줄 수 있으며 심할 경우 팀 내에서도 편을 가를 수 있다. 종교는 각자의 영역이니 건드리지 말자. 내 종교를 강요하지도, 남의 종교를 욕하지도 말자.

두 번째는 정치 이야기이다. 개개인의 정치적 성향과 지지자가 당연히 다를 수 있다. 개인의 자유를 인정하는 나라가 아닌가? 누가 무엇을 좋아하든, 누구를 지지하든 개인의 영역이다. 서로 정치 얘기는 하지 말자. 회사 내에서는 업무 얘기만 하는 게 가장 좋다. 한 번의 말실수로 돌이킬 수

없는 강을 건너지 말자. 우리는 일을 하러 온 것이지, 정치하러 온 것이
아니다.

세 번째는 성(性)에 대한 것이다. 기본적으로 회사에서는 성과 관련된
대화는 하지 않는 것이 좋다. 자칫 대화의 방향이 잘못 흘러가면 의도치
않게 성희롱을 한 것으로 간주할 수 있다. 장난이든 농담이든 절대 말하
지 말자.

그 외 개인의 힘든 가정사, 힘든 연예 생활, 재산 현황 등은 굳이 대화
시 주제가 되지 않는 것이 좋다. 업무 성과에 집중하고 팀원 간 서로 협
조하고 협력하여 팀워크를 최대화하고자 하는데 개인적인 이야기는 중
요치 않다. 물론, 좀 더 끈끈한 관계를 유지하기 위해서 어느 정도 서로의
속 깊은 이야기를 하는 것도 좋지만, 너무 깊이 들어가면 오히려 일에 방
해가 될 수 있다. 그의 가정사에 대해 잘 알고 있어서 배려한다고 프로젝
트에 맞지 않은데 억지로 넣어준다거나, 빼준다면 업무 성과에 큰 영향
을 줄 수 있다. 팀원들 간에 편애한다는 등의 말이 나올 수도 있다.

감정이 들어가지 않고 담백하게, 객관적인 입장에서 업무를 분배하고
일을 진행할 때 훨씬 효과적이다. 건강한 조직문화는 '친밀한 관계'에서
나오는 것이 아니다. 서로 같은 목표를 향해 함께 나아갈 때 만들어진다.
퇴근 후 술 한 잔하며 친해진다는 오해는 이제 그만하자. 일하면서도 충
분히 친밀감을 느낄 수 있다. 개인적인 사정을 알고 감정을 교류하는 것
보다 더 중요한 것은 일의 성과를 위해 서로 의견을 내고 조율하며 함께
성장하는 것이라는 것을 잊지 말자.

팀원보다 팀장이 더 바빠야 한다

팀장과 팀원, 같은 '팀'이라는 글자가 들어가는데 '장'이냐, '원'이냐에 따라 포지션과 하는 일이 달라진다. 무엇보다 생각 자체가 달라진다. 나 또한 팀원이었을 때와 팀장이 되었을 때 마음가짐 자체가 바뀌었다. 팀장이 되어서 예전의 나를 바라보니 한숨이 나온다. 그때 내가 왜 그랬나 싶다. 그 당시에는 그게 최선이었지만 다시 바라본 내 모습은 어떻게든 일 적게 하고 쉬려고 꼼수 부리는 팀원이었다. 팀장과 팀원의 다른 시각을 함께 보자.

팀장 : 일할 때 좀 더 적극적으로 하자 vs 팀원 : 그냥 직원이라 시킨만큼만 할게요!

팀장 : 무엇을 위해 일을 하니 vs 팀원 : 무엇 때문에 왜 하는지 모르겠어요!

팀장 : 모르면 좀 물어보면 좋잖아 vs 팀원 : 먼저 알려주시면 되잖아요!

팀장 : 맡은 일은 마무리 해야지 vs 팀원 : 퇴근 시간이라 내일 할게요!

팀장 : 미팅 할 때 고개 좀 들어줄래 vs 팀원 : 듣고 있는데요!

혹시 공감한다면 조용히 손을 들어보자. 아마도 대부분이 손을 들었을 거라 짐작해본다. 팀원이었을 때는 그저 일을 적게 하고 돈은 많이 벌고 싶었다. 왜 해야 하는지, 무엇 때문에 하는지 이유도 모른 채 질질 끌려 다니면서 일하기도 했다. 목표가 없으니 의욕도 생기지 않았다. 그저 하기 싫은 일을 억지로 할 뿐이었다.

당연하다. 팀원에게 목표를 제대로 공유하지 않았기 때문이다. 그리고 팀장이라는 이유 하나만으로 팀원들만 부려먹고 자신은 팀원들이 해온 것을 이리저리 지시만 하고 결제만 했을 뿐이다. 이렇게 되면 팀원들의 불만이 쌓이게 되고, 팀 성적은 자연스레 바닥으로 곤두박질치게 된다.

요즘 팀장들은 아마도 이렇게까지 하는 사람들은 없을 것이다. 실은 보이지 않지만, 팀장의 업무는 팀원보다 훨씬 많다. 팀원들이 같은 방향을 향해 달려갈 수 있도록 끊임없이 동기부여하고 시스템을 구축하고 협업도 해야 한다. 상사에게 보고하는 것 또한 팀장의 역할이다. 그런데 이게 눈에 띄지 않는다는 게 문제다.

백조는 겉으로 보기엔 우아해 보이지만 물속에서는 끊임없이 물장구를 치고 있다. 팀장도 마찬가지다. 물에 가라앉지 않기 위해, 팀을 유지시키기 위해 끊임없이 연구하고 고민하고 달린다.

그러니 티 나게 하자. 팀원들의 일은 티가 난다. 팀장이 업무를 위임한 것도 있지만, 계속해서 보고받고, 방향성을 설계해서 안내하기 때문에 보인다. 팀장의 일도 보이게 해보자. 팀원들에게 끊임없이 팀의 목표를 말하고, 지금까지 진행된 것, 각 팀원이 진행해온 사항, 팀장이 진행해온 것까지 모두 공유하는 것이다. 이런 것들이 공유되지 않으면 팀원들은 '우리만 왜 일해야 해?'라고 생각하고 있을지도 모른다.

사람들은 무언가를 구매할 때 그들이 무엇을 하는지는 궁금해 하지 않는다. 어떤 신념과 이유로 이 제품을 판매하는지를 본다. 그렇기에 'Why'로부터 시작해야 성공적인 결과를 얻을 수 있다.

팀장은 팀원들에게 'What'이 아닌 'Why'를 먼저 주어야 한다. 왜 이 일을 해야 하는지, 이 일을 하면 무엇이 바뀌고 달라지는지, 명확한 목적과 동기를 설정하는 것이다. 팀원들은 이 과정을 통해 자신의 역할을 파악하고 스스로 동기 부여해서 성장해 갈 수 있다. 팀장은 팀원들이 스스로 업무의 의미를 찾아갈 수 있도록 지속적으로 피드백하고 동기부여 해주어야 한다. 누구하나 낙오되지 않게 한 명, 한 명 소통하고 매의 눈으로 바라보고 캐치해야한다.

　팀장은 팀원보다 더 바빠야 한다. 팀원들 한 명 한 명 목표에서 벗어나지 않도록 끌고 가주어야 하고, 업무 피드백과 함께 각 팀원별 성향파악까지 해야 한다. 물론 쉽지 않다. 나 또한 매번 팀원 한 명 한 명 소통하는 일이 쉽지 않다. 하지만, 처음에 자리 잡히기까지 어렵지 시스템화 되면 오히려 훨씬 빠르게 일이 진행될 수 있다.

　더 바쁘게 눈을 돌리자. 더 바쁘게 머리를 굴리자. 백조처럼 손과 발, 표정은 온화하게, 미소 짓지만 머릿속은 빠르게 회전하며 팀원들과 함께 목표를 향해 나아가자.

팀장이 더 아프다

'젊어서 고생은 사서도 한다.'라는 속담이 있다. 젊은 시절의 고생은 장래 발전을 위해 좋은 경험이 되므로 달게 여기라는 뜻이다.

시간이 많고 체력이 좋을 때 경험을 많이 해 보자. 이 경험은 쌓여서 노하우와 지식이 되고, 나만의 스토리텔링이 된다. 그리고 모두 모여 나를 브랜딩하는 '컨텐츠'가 된다. 직장 내에서 일하는데 무슨 브랜딩이냐고? 무슨소리! 직장 내에서도 나를 어떻게 브랜딩 하느냐에 따라 내 포지션이 달라진다. 내가 잘하는 것, 경험한 것을 보여주어 내 위치를 만드는 것은 바로 나다. 누군가가 만들어주는 것이 아니다.

본인 좋으라고 하는 말인데 아직도 이렇게 말하면 꼰대소리 듣는다. 다른 특별한 보상을 주는 것도 아니면서 일 시키려는 속셈이라는 것이다. 상사가 자신들을 합리화시키기 위한 것이라 생각한다.

맞다. 그렇게 생각할 수 있다. 나 또한 팀원일 때 그렇게 생각했다. 우리의 열정을 공짜로 쓰려는 나쁜 의도가 있다고 생각했다. '왜 내가 내 시간을 써가면서 고생해야 하지?'라고 생각했다. 하고 싶지 않았다. 그저 시간만 보내도 월급이라는 마약이 따박 따박 나오는데 굳이 고생을 사서 하고 싶지 않았다.

그런데 내가 팀장이 되어 보니 아니다. 팀이 잘 굴러가려면 팀원 한 명, 한 명의 성장은 필수다. 그런데 이제 막 사회에 발을 내디딘 사람이 어떻게 잘 하겠는가? 당연히 시행착오를 겪을 수밖에 없다. 넘어지고 깨지고 부서져보면서 자신의 경험을 온전히 내 것으로 만들 시간이 필요하다. 물론, 그 시간을 줄여주고 빠르게 성공의 길로 갈 수 있게 이끌어줄 수 있다. 그게 바로 팀장의 역할이다.

진짜 꼰대라면 "라떼는 말이야~." 라고 하겠지만 나는 라떼 얘기를 하는 게 아니다. 인공지능의 발달로 'Chat GPT', 카톡에서 개발한 'ddmm,' 'AskUp', 네이버에서 나온 '뤼튼' 등 이것들을 잘 활용하고 나만의 것으로 만들기 위해서는 더더욱 사고의 확장이 필요하다.

MZ 세대는 1980년대 초~2000년대 초 출생한 '밀레니얼세대'와 1990년대 중반부터 2010년대 초반 출생한 'Z세대'를 아우르는 세대를 말한다. 이들은 현재 10대 후반에서 30대의 청년층으로 휴대폰, 인터넷 등 디지털 환경에 친숙하다. 변화에 유연하고 새롭고 이색적인 것을 추구하며, 자신이 좋아하는 것에 쓰는 돈이나 시간을 아끼지 않는 특징이 있다.

취업, 결혼, 성공, 인생 목표. 뭐 하나 분명하지 않은 청춘. 플렉스를 외치며 시간과 에너지를 축낸다. 너무 안타까운 일이다. 인생을 즐기는 것은 중요하지만 그렇다고 '나'를 버리면서까지 즐기는 것은 장기적으로 봤을 때 결코 도움이 되지 않는다.

젊어서 고생은 사서 하기도 한다니 언젠가는 좋은 날이 오리라 했지만, 현실은 그리 녹록치 않다는 것을 누구나 잘 알고 있다. 나는 '찐 팀장'이란 회사 목표뿐 아니라 자신의 목표를 설정하고 그 목표를 회사 내에서 이루도록 도와주고 지원하는 사람이라고 생각한다. 오직 회사의 목표만을 살라고 말하지 않는다. 개인의 성장도 함께 이루어질 때 팀도 성장한다고 믿는다. 그래야 더 오래, 더 열정적으로, 포기하지 않고 계속해서 꾸준하게 이어나갈 수 있는 힘이 생긴다.

팀원들이 목표에 도전해 보지도 않고 포기하지 않도록 도와주어야 한다. 그들이 많은 경험을 쌓게 하고 실패도 마음껏 경험할 수 있도록 해야 한다. 마치 아이를 키우는 것과 같다. 아이는 수천 번, 수만 번 넘어지면서 일어서고, 걷는 것을 배운다. 손으로 쥐어보고 입으로 빨아보면서 무엇인지 파악한다. 이러한 과정이 있었기에 경험하지 않고도 머릿속으로 빠르게 판단하고 행동할 수 있다. 팀원들도 마찬가지다. 스스로 문제를 해결하길 바란다면, 먼저 해볼 수 있는 환경을 만들어주어야 한다. 그 과정을 통해 팀원은 성장할 수 있다. 실패는 만회할 수 있고 용서받을 수 있지만, 도전이 두려워 시작하지도 못하면 그 어떤 것도 해낼 수 없다. 일단 도전해야 한다. 팀장은 팀원이 무조건 달려들 수 있도록 용기와 함께할 수 있는 환경을 만들어주어야 한다.

요즘 MZ 세대들은 주인의식은커녕 '나'의 주인의식조차 없는 경우를 많이 본다. 내가 내 인생의 주인임에도 그냥 흘러가는 대로 내버려 두는 것이다. 그때마다 답답하다. 이를 두고 그저 시키는 일만 잘해도 감사하다고 생각하는 팀장들이 많다. 주인의식은커녕 시키는 것도 제대로 하지 않기 때문이다. 이 회사를 내 것으로 생각하지 않아도 좋다. 최소한 내가 여기서 무엇을 이룰 것인지 정도의 목표는 설정하자. 그리고 그 목표를 주인의식을 가지고 임하자.

스스로 주인의식을 가지게 하기 위해서는 팀원에게 책임과 권한을 주어야 한다. 업무에 대한 보상도 확실하게 지원해야 한다. 여기서 말하는 보상의 개념은 돈이 아니라 식사, 작은 선물, 응원 메시지, 가족 기념일 챙기기 등이 될 수 있다. 별것 아닌 작은 것도 목표 달성하는데 큰 동기가 될 수 있다. 여기서 끝이 아니다. 업무 완료 후 발표할 수 있는 자리도 마련하자. 그래야 책임감과 함께 진지함으로 업무를 대하게 되고, 온전히 자신의 것처럼 일하게 된다. 그렇게 하면 본인에게도 경험이 노하우로 남아 추후 다른 프로젝트에 참여할 때 훨씬 빠르고 효율적으로 할 수 있다.

팀장은 팀원들이 바른길로 갈 수 있도록 계속해서 안내 해야 한다. 때로는 안 좋은 소리도 듣고, 뒷담화도 들을 수 있다. 괜찮다. 우리는 아프니까 팀장인 것이다.

'업무 지시' 보다는 'WHY'와 'How'를 먼저 설명하라

바쁘게 돌아가는 업무 환경 속에서 빠르게 처리해야 하다 보니 업무 '지시'를 하는 경우가 많다. 이때 지시사항이 생략되어 간략하게 전달된다. 하나하나 세세하게 전달되기에는 너무 많은 정보량이 있어서 '이 정도는 알겠지.'하는 것이다.

보통 업무 지시를 할 때 이메일을 활용하거나 카톡을 활용한다. 이런 단 방향 지시는 팀원들이 자신의 기준에서 선택적으로 받아들이게 한다. 잘못 이해해서 다른 방향으로 진행하는 경우도 발생한다. 팀장의 입장에서는 분명 내가 시킨 일은 A인데 자꾸 A-1을 하는 팀원이 답답하다. 제발 시키는 일만이라도 제대로 해줬으면 좋겠다.

누구의 잘못일까? 시킨 사람의 잘못일까? 잘 못 받아들인 사람의 잘못일까? 이는 지시한 사람의 문제다. 받아들이는 사람이 누구든지 A를 A로 받아들일 수 있도록 설명해주어야 한다. 설명방식에 문제가 있다면 방법을 바꾸거나, 서로 간의 약속을 정해서 다른 방향으로 흘러가지 않도록 해야 한다. 팀원이 제대로 하지 못하면 결국 팀장의 책임으로 주어지게 되고, 결국 팀장의 업무가 늘어난다. 전달할 때 꼼꼼하게 하고, 마무리를 간단하게 할 것이냐, 대충 설명하고 업무 대부분을 내가 다 할 것이냐의 차이다. 후자보다는 전자를 선택하는 게 좋다. 후자는 시간 낭비만 하는 셈이다. 그 시간에 다른 프로젝트를 했다면 오히려 더 생산성을 올렸을 것이다.

그러니 처음부터 제대로 전달하자. 업무에 대한 배경설명과 Why, 왜 해야 하는지에 대한 설명이 사전에 이뤄져야 업무 방향성을 바로 잡아갈 수 있다. 그리고 이 업무를 How, 어떻게 해야 하는지, 어떤 방식으로, 어느 부서와 협업하여 처리하면 되는지에 대한 Tip을 제공하여 준다면 업무 속도가 붙고 팀원의 자신감 또한 높아질 것이다.

업무 지시 전 아래 3가지를 꼭 기억하자.

첫째, 업무하기 전 해당 업무의 배경설명과 Why를 반드시 설명하라.

이 업무를 하게 된 이유와 배경설명을 충분히 설명한 후, 어떻게 해야 하는지 단계적으로 설명해야 한다. 그래야 이 일을 해야 하는 당위성을 이해하고 업무에 임할 수 있다. 아무리 바빠도 사전 안내가 누락되지 않도록 하자.

둘째, 팀원이 스스로 할 수 있게 동기부여 하라.

대부분의 팀장은 업무를 지시하는 '본론'부터 말한다. 당장 해야 할 것과 누가 해야 할지 다다다 쏟아낸다. 당연히 해야 할 일이지만 왜 그 팀원에게 맡기는지, 이유와 사전설명이 없으면 오해나 불만이 생길 수 있다.

앞서 이 업무를 해야 하는 이유를 설명했다면, 이를 통해 담당 팀원이 얻게 되는 것은 무엇인지, 업무 결과의 영향은 어떤 것들이 있는지, 팀원의 성장에는 무슨 도움이 되는지 함께 얘기해주자. 모두가 '돈'으로 움직이지는 않는다. 내가 성장할 수 있고, 나아갈 수 있다는 기대감 또한 움직이는 원동력이 된다. 팀원에게 무엇을 줄 수 있을지 고민하고 스스로 즐겁게 할 수 있도록 동기부여를 해주어야 한다.

셋째, 팀원이 원하는 것을 미리 파악하라

팀원은 팀장의 가장 가까운 사람이다. 팀원 한명 한명을 세세하게 파악하고 있으면 그들이 원하는 것을 알고 있기에 업무를 할 때 훨씬 효과적이다. 팀장이 지시하면 무조건 할 것이라는 생각은 버리자. 억지로 하는 것은 생산성을 떨어뜨린다. 팀원의 성향과 니즈를 정확하게 파악하고 있으면 앞의 2가지 방법만 잘 활용해도 스스로 즐겁게 일할 수 있다. 팀원이 스스로 움직일 수 있게 할 때 가장 훌륭한 팀장이다.

평소에 성과와 연동되어 승진을 목표로 하는 팀원이 있는가 하면, 워라벨을 존중받고 싶어하며 퇴근시간은 보장받고 싶어 하는 팀원도 있다. 업무를 완료하면 특별 휴가나 보너스 등으로 보상받기를 원하는 팀원도 있으며, 업무를 통해 전문가로 성장하고픈 욕구가 있는 팀원도 있다. 서로 얼굴 생김새가 각자 다르듯 팀원들의 니즈도 다양하다.

이런 팀원들의 니즈를 파악하기 위해서는 '소통'이 무엇보다 중요하다. 업무적인 목적이 아니더라도 자주 소통하며 그들의 니즈와 목표를 파악해두자. 사전에 미리 알고 있으면 팀원들의 목표와 부합하는 업무 지시를 할 수 있으며 보다 효과적으로 동기부여도 가능하게 된다. 지시가 아닌 WHY와 그들이 얻게 될 이익에 집중하자.

팀원과 상사 사이 그 오묘한 관계 속에서 살아남는 법

팀원과 상사 사이. 그 오묘한 관계 속에서 어떻게 하면 살아남을 수 있을까? 중간에 끼어있다 보니 이러지도 저러지도 못하는 상황이 생기기도 한다. 잘못하면 상사와 함께 싸잡아 같은 편으로 오인받기도 하고, 팀원들 편에 서서 제대로 일도 못하는 무능한 중간관리자 평가를 받기도 한다.

끼인 팀장으로 살아남으려면 어떻게 해야 할까? 팀에 가장 많은 영향을 미치는 것은 직속 상사이다. 팀은 직속 상사, 팀장, 팀원에 의해 구성되고 운영된다. 팀장은 직속 상사와 팀원들의 사이에서 중간 조율을 잘 해야 한다. 직속 상사의 업무와 연관된 내용을 긍정적으로 수용해야 하며 이를 정리하여 팀원들에게 전달할 수 있어야 한다.

또한 팀원들의 애로 사항이나 업무에 필요한 지원 등이 있는 경우 팀 자체에서 처리하는 것을 우선으로 하고 권한 밖의 것들은 사실 확인과 함께 솔루션을 더하여 직속 상사에게 보고해야 한다. 보통 솔루션을 제안할 때 3개 정도가 좋다. 3가지 선택지에 대한 손실과 이익에 대한 의견도 함께 공유되는 것이 좋다.

회의 자리에서 직속 상사가 기존의 성과보다 150% 높은 성과를 창출하라고 한다면 어떻게 받아들이는 것이 좋을까? 현재의 팀 역량으로는 부족하다고 재고해 달라고 하는 것이 좋을지, 쉽지 않겠지만 150% 이상 달성할 방안 등을 팀원들과 미팅을 통해 찾아보고 보고하겠다고 하는 것이 좋을지 순간 갈림길에 서게 될 것이다.

대부분의 팀장은 상사가 제안한 목표 수치를 조금이라도 줄이려고 한다. 그런데 그게 과연 맞는 방법일까? 상사의 말을 바로 받아치며 "150%는 힘듭니다. 120%까지 하면 어떨는지…."라고 말하면 그 팀장은 신뢰를 받을 수 있을까? 그렇지 않다. 회사는 성과를 내는 곳이다. 당연히 팀장도 성과를 내기 위해 도전하고 노력해야 한다.

이럴 땐 "네, 알겠습니다. 팀원들과 함께 달성할 수 있는 방안을 모색 후 보고 드리겠습니다."라고 답하고 방법을 찾아야 한다. 처음부터 부정이 아닌 긍정의 대답을 하고, 방법을 모색 후 다시 제안하는 게 좋다. 아직 해보지도 않고 될지 안 될지를 논하는 것은 무리가 있다. 역지사지라고 팀장도 팀원에게 업무 지시할 경우 이처럼 수용하는 팀원이 있으면 신뢰가 가고 고마운 마음마저 들 것이다.

자! 대답은 했고, 이제 직속 상사의 기존 대비 150% 이상의 성과를 창출하기 위한 팀원들과의 미팅이 남아 있다. 어떻게 진행하는 것이 좀 더 효율적일지 고민될 것이다. 팀원 전체 긴급회의를 소집하고 직속 상사의 지시가 있어 각자 아이디어 하나씩 내라고 할 것인가, 아니면 선임급의 팀원과 사전 논의를 진행하여 성과창출 방안에 대해 고민해 보고 모든 팀원의 동의를 끌어낼 것인가?

나는 후자의 방식을 선호한다. 팀원 전체를 대상으로 긴급회의를 소집하고 미팅을 진행하는 경우 다소 전략적이지 않아 미팅 중 반감의 의견을 제시하는 경우 미팅 분위기가 험해지거나 팀원들의 의지를 다운시킬 수 있기 때문이다. 또한, 직속 상사에 대한 팀원들의 불평불만이 이어질 수도 있어 자칫 위아래로 오해를 살 수 있는 상황이 벌어지기도 한다.

팀원 전체 긴급회의를 소집하는 것보다 좀 더 전략적으로 접근할 필요성이 있다. 제일 먼저 팀의 선임급이나 파트장과의 미팅을 먼저 진행하는 것이 좋다. 팀장의 마음을 다소 헤아려 주고 이해해 줄 수 있을 거라 여긴다. 긴급 미팅을 소집하고 어떻게 전달하는 것이 중요한지 사례를 보겠다.

"김 파트장, 좀 전에 상무님과 성과목표 미팅을 진행했어요. 팀 선임 이상으로 지금 바로 긴급회의를 소집해 주세요."라고 먼저 회의 소집 이유를 밝힌다. 회의 자리에서는 칭찬 먼저 한다.

"지금까지 팀 성과목표 달성을 할 수 있었던 것은 여기에 함께한 분들 덕분입니다. 감사합니다."

이제 본격 주제를 꺼내기 전 사전 작업에 들어간다.

"상무님은 우리 팀의 역량을 높게 평가하고 신뢰하고 있습니다. 또한, 우리 팀의 최고 역량이 어디까지 인지도 궁금해 하십니다."

"상무님은 우리 팀이 기존 성과목표 대비 150% 이상 달성할 수 있을 거라 믿고 있습니다. 저도 우리 팀이 150% 이상 목표 달성할 수 있을 거라 자신하고 있습니다. 물론 현재 팀 체력으로 쉽지 않겠지만 여기 계신 분들과 함께 고민하고 분석하면 가능하다고 봅니다."

이렇게 얘기하며 우리 팀의 힘을 보여주자고 다가가면 대부분 동의하고 방법을 찾아낸다. 쿠션언어 없이 바로 본론으로 들어가면 강압적으려 느껴지고 불가능하다며 부정적인 말이 먼저 나올 수 있다. 현재 우리 팀 체력으로는 쉽지 않을 수 있다고 오픈하는 것도 좋다. 여기서 어떻게 하면 달성할 수 있을지 의견을 들으며 파트장과의 의지와 신뢰를 더 구축할 수 있다. 성과를 내기 위한 방안을 모색하는 것도 중요하지만 파트장과의 미팅에서는 달성할 수 있다는 신뢰 형성이 제일 중요하다.

이후 팀 전체 미팅을 소집하고 150% 성과 달성 과제를 놓고 미팅이 진행되어야 중간에 발생 가능한 반감 등의 변수들을 줄일 수 있다. 변수가 발생하더라도 선임급이나 파트장이 잘 커버하여 줄 수 있기 때문에 150% 성과 창출 방안에만 집중해서 대안을 찾을 수 있다.

핵심은 150% 달성을 하느냐, 안 하느냐가 아니다. 상사의 의견을 팀원들에게 어떻게 전달하느냐이다. 무조건 상사의 의견은 다 받아들이고 해야 한다며 강요해서도 안 되고, 팀원들의 입장을 하나하나 다 고려해서도 안 된다. 그 중간지점을 찾는 것이 중요하다.

Part 2.
상사와의 관계

상사에게 '보고' 이렇게 하라!

결과를 내기 전 중간보고를 해라

상사가 내 제안을 100% 받아들이는 효과적인 보고 방법

모호한 지시를 구체적으로 바꾸는 방법

상사에게 '보고' 이렇게 하라!

보고 방식에 따라 상사에게 사랑 받느냐, 아니냐가 결정된다. '보고' 자체가 평가 받는 것과 같다. 그런데 많은 사람들이 보고를 대충한다. 어떻게 보고해야하는지 보고 방식도 제대로 알려주지 않는다. 그냥 대충 쓰윽 넘기고 만다.

이제 보고 방식을 바꿔보자. 보고 하나만으로 내 업무 능력까지 높게 평가받을 수 있는 3가지 특별한 방법을 공유하겠다.

첫 번째, 상사를 생각하며 보고 준비를 시작한다.

상사가 특정 업무에 대한 보고를 요청하였거나 주간, 월간 보고와 같이 루틴 있는 보고를 할 때 보고 준비는 상사의 기준에 맞춰 진행되어야 한다. 필요하다면 상사를 분석하고 성향을 파악하여 성향에 맞게 준비하자.

준비하면서 스스로에게 계속해서 질문해야 한다. 상사는 무엇을 알고 싶어 하는가? 상사는 보고 받을 내용에 대해 어디까지 알고 있는가? 왜 지시한 것일까? 의도가 뭘까? 상사가 보고 건으로 압박을 받고 있을까? 상사의 심리적 상태는 괜찮은가? 상사가 생각하는 결과나 방향성은 무엇일까? 상사의 예상 질문은 무엇인가? 이에 대한 나의 답변은 무엇인가?

질문에 대한 답을 찾은 다음 내가 이 보고를 통해 얻고자 하는 것이 무엇인지 질문해보자.

보고서를 다 읽고 난 후 상사의 머리에 남기고 싶은 한 줄 핵심은 무엇인가? 보고하고자 하는 목적이 무엇인가? 1분간 보고해야 한다면 핵심 보고 사항은 무엇인가? 보고 내용에 대한 근거 데이터나 사례는 무엇인가?

반드시 사전에 분석하고 생각해야 한다. 애초에 상사가 원하는 것이 무엇인지를 잘 알면 보고의 방향성을 잡기 쉽다. 어차피 보고란 보고 받는 상사가 수용해 주지 않으면 의미가 없다. 어떻게 보고했을 때 상사가 받아들일지를 분석하고 전략을 세워야 한다.

상사가 보고서를 읽는 것을 좋아한다면 문서로 작성해서 주고, 구두로 보고받는 것을 더 선호한다면 상사가 편안하게 들을 수 있는 시간대와 장소를 선정하자. 처음부터 이기는 게임을 해야 한다.

두 번째, 시각화하라.

줄 글로 되어있는 보고서는 보기도 전에 덮고 싶다. 그래프와 도식으로 되어있는 보고서는 한눈에 알 수 있고, 깔끔해서 훨씬 이해하기 좋다. 여러 방안을 비교 분석하는 경우 표로 분류하자. 표 아래 단문으로 핵심만 간략하게 기록하면 좀 더 논리적이고 정돈돼 보인다. 필요하다면 설명을 덧붙이면서 보고할 수 있다.

세 번째, 두괄식으로 표현하라.

핵심은 항상 짧다. 보고의 핵심은 10초 이내에 명확히 전달되는 것이다. 이를 위해서는 보고 내용의 핵심을 정확하게 파악해야 하며 중요한 것이 무엇인지를 알아야 한다. 전달하고자 하는 핵심 결과를 먼저 말하고, 그 다음에 뒷받침하는 근거와 이유, 사례를 설명하자. 훨씬 설득력이 있다. 상사는 항상 바쁘다. 구구절절 설명하지 말자.

중요한 것은 상사의 OK 사인을 받는 것이다. 어떻게 하면 설득할 것인지, 어떻게 하면 내 제안을 받아들이게 할 것인지를 고민하라. 대충 내가 쓰고 싶은 것을 쓰는 사람과, 그 사람에 맞춰 만들어진 보고서는 때깔부터 다르다.

결과를 내기 전 중간보고를 해라

모든 결론이 다 난 결론만 보고하는 게 좋을까, 지금까지 진행된 상황을 말씀드리고 방향성을 확인하는 게 좋을까?

대부분 '보고'라고 하면 결과보고만 생각한다. 사실 바쁜 업무로 인하여 결과보고만 하더라도 상사가 기대했던 수준으로 보고하기 쉽지 않다. 하지만 찐 팀장은 상사의 업무 지시에 대한 보고 하나를 하더라도 상사가 기대했던 수준 이상의 보고를 하기 위해 훈련되어 있어야 한다.

보고를 내용별로 분류하면 일반적으로 우리가 흔히 인지하고 있는 업무 마무리 후 진행하는 결과보고와 업무 진행 중에 하는 중간보고, 문제 발생 시의 이슈(Isuue)보고, 업무 진행 중 변경 및 수정사항 발생 시 승인을 득하기 위한 보고, 업무 중 업데이트된 내용이나 정보를 공유하는 정보 보고로 분류할 수 있다. 하나의 업무에 이 모든 보고를 반드시 다 해야 하는 것은 아니다. 업무 완성도를 높이기 위해 여러 방법을 사용할 수 있다.

결론만 정리해서 보고하지는 말자. 상사가 지시한 업무 지시에 따라 목표를 설정하고, 그에 맞춰 진행했다면 중간과정을 보고해서 이 방향이 맞는지 확인 작업이 필요하다. 모든 결론을 다 내고 나서 보고했는데 상사가 원하던 방향과 맞지 않거나 회사가 가고자 하는 이념과 맞지 않는다면 다 뒤집고 다시 해야 하는 상황이 생길 수 있다. 시간 낭비, 인력 낭비만 하게 되는 상황이 올 수 있다.

업무 진행 중 문제가 발생하였거나 이슈(issue)가 확인된 경우 팀장 혼자 고심하여 정하지 말자. 이슈에 따른 문제점과 영향을 정리하고, 3가지 정도의 해결방안을 준비하여 보고하자. 빠르게 해결안을 확정하는 것이 업무 진행에 더 도움이 된다.

업무를 준비하다 보면 업무 범위를 어디까지 진행할 것인지 조정을 하거나 비용수정이 필요한 경우가 있다. 이때 유관부서에 확인하고 바로 상사에게 보고해서 승인받자. 더 빠르게 업무 진행을 할 수 있고 신뢰도 높일 수 있다.

보고는 어려운 것이 아니다. 모든 것을 내가 다 결정해서 하나하나 다 설명해야 한다는 생각을 버리자. '유튜브 봐도 돼요?'라고 부모에게 허락받는 아이처럼 하나하나 전부 다 보고하라는 것도 아니다. 엉뚱한 데서 삽질하지 않기 위해서 중간보고를 하자는 것이다. 여기서 '보고'는 '커뮤니케이션'이다. 윗사람에게 "~다고 합니다. 어떻게 할까요?"하고 처분을 기다리는 것이 아닌, 지금까지 정리한 것을 토대로 자신의 생각을 말하고 상사에게 조언을 구하는 것이다.

지금까지 보고를 어렵고 딱딱한 것으로만 인식했다면 이제 그 생각은 버리자. 보고에 대해 적극적으로 달려들면 상사의 지시를 정확하게 해석할 수 있다. 처음 완벽하지 않던 상사의 의견에 살을 붙여 더 구체적으로 발전시켜 나갈 수도 있다. 그렇게 결과물이 도출되는 것이다. 단순히 "이러이러하다고 합니다."라는 보고의 정석 같은 보고로는 절대 창의적인 결과물을 얻을 수 없다. 오히려 잘못된 방향으로 산출되어 일을 그르칠 수도 있다.

중간보고는 팀장의 능력을 평가하는 하나의 틀이기도 하다. 이를 통해 상사는 팀장의 기획능력, 업무 추진 및 실행능력, 통제능력을 평가한다. 또, 목표설정과 그에 따른 중간과정까지의 미래에 대한 통찰력까지 본다.

이제 중간보고에 집중하자. 우리 팀이 세운 목표와 방안이 최종 결과물을 도출하는 과정을 보여주자. 시간을 아끼고 더 효율적으로 업무에 임할 수 있을 것이다.

상사가 내 제안을 100% 받아들이는 효과적인 보고 방법

팀을 이끌다 보면 더 좋은 아이디어나 의견이 나올 때가 있다. 이를 잘 정리해서 상사에게 제안해야 한다. 어떻게 제안하느냐에 따라 상사의 마음을 얻을 수 있고, 나아가 팀 성장에 큰 도움을 받을 수 있다.

팀장이 되기 전에는 업무에 대한 아이디어가 있거나 개선방안이 있으면 상사가 있건 없건 손을 들고 소신 있게 발언했다. 그때 스스로도 멋있다고 생각했고 주변 반응도 좋았다. 팀장이 되어서도 어떤 상황에서도 굴하지 않고 내가 생각하는 의견을 전달해야겠다고 생각했다. 하지만 막상 팀장이 되어보니 쉬운 일이 아니었다. 팀원이었을 때는 책임질 사람이 없으니 일단 저지르고 봐도 괜찮았지만, 팀장이라는 자리는 그리 쉽게 발언할 수 있는 자리가 아니다. 내 한 마디에 팀의 미래가 바뀔 수도 있다.

그렇기에 좋은 아이디어가 있어도 실제 실행이 가능한 것인지, 재무적 리스크는 없는지, 비용은 어느 정도 드는지, 베스트 시나리오와 최악의 시나리오까지 사전 시뮬레이션을 통해 완벽해졌을 때 제안하게 된다. 어느 정도 좋은 결과가 나올 것 같으면 바로 제안하기도 한다. 팀장으로서 제안한다는 것은 책임을 지겠다는 뜻이 포함되어 있기 때문에 어깨가 무겁다. 그럼에도 불구하고 고여있지 않고 성장하는 팀이 되기 위해서는 상사에게 제안해야 한다. 어떻게 하면 신임 팀장의 제안을 상사가 받아들일 확률을 높일 수 있을까? 함께 살펴보자.

먼저 제안사항 보고 시 크게 두 가지로 분류할 수 있다.

첫 번째, 제안사항에 대한 실행 가능성, 재무적 risk, 비용 등의 타당성과 사업성을 분석하는 방법이다. 이 부분에 대해서는 기존에 회사에서 주로 활용하는 자료나 양식을 기반으로 제안서를 작성하면 된다. 보고 방식은 앞선 보고방법에 관한 내용을 참고하자.

두 번째, 상사의 성향, 상사와의 업무 신뢰도와 관계, 현재 상사가 처한 상황 등을 종합적으로 고려해야 한다. 이를 통해 상사의 관점에서 편안하게 검토하고 수용할 수 있는 확률을 높일 수 있다.

상사의 관점에서 편안하게 검토할 수 있게 제안한다는 것은 정말 멋진 일이라 생각한다. 그러려면 사전에 상사의 성향을 분석하고 파악해야 한다. 보고할 때 강조했던 것과 같다. 성향에 따라 현재 상황 혹은 미래 가능성 중 어느 쪽을 좀 더 선호하는지, 논리 또는 감정 중 어디에 초점을

두는지 등 모두 다를 수 있다. 이를 미리 파악해서 보기 쉽게 만들어 제안
해보자.

상사의 유형별 제안 방법에 대해 알아보자.

1. 외향적 사고형

자신의 논리를 매우 진취적이고 체계적인 방식으로 표현하며 자기주
장이 강해 보이는 유형이다. 이런 유형은 분명하고 단호하게 말해야 한
다. 핵심에 곧바로 접근하여 결론부터 바로 말하는 것이 좋다. 논리와 근
거에 입각하여 자신감 있게 제안하면 수용하는 태도를 보일 것이다.

이때 제안사항의 목적과 비전, 그리고 그것을 실현하기 위한 장기적인
전략과 계획을 중심으로 설명하며 실행과정의 기준을 반드시 공유해야
해야 하며 계획, 역할, 책임을 분명하게 제시해야 한다. 이게 명확하지 않
으면 받아들여지기 힘들다.

2. 내향적 사고형

자신만의 논리체계를 중심으로 상황을 관찰하고 분석하며 조용하고
독립적이다. 말이 잘 없다가 관심 분야가 나오면 말이 많아지는 경향을
보인다.

제안할 때 논리적이고 객관적으로 접근해야 한다. 되도록 관계적인 측
면을 배제하고 논리적으로 보고해야 하며 근거를 분명하게 제시해야 한

다. 당면한 문제를 제시하고, 실용적인 해결책을 제안해야 한다. 때론 비판과 문제 제기가 있을 수 있으니 예상 질문을 사전에 확인하는 것이 좋다. 제안사항을 도식화하여 순서와 체계를 보여주면 좀 더 효과적이며 때론 상사의 답변을 기다리는 태도를 취하는 것이 좋다.

3. 외향적 감정형

자신의 감정을 적극적으로 표현하고 상호작용하는 것을 좋아한다. 공감 능력이 뛰어나며 매우 협조적이다.

이런 유형은 먼저 친밀한 관계를 형성하는 것이 좋다. 인간적으로 다가가면 협조적이고 긍정적인 분위기를 조성할 수 있다. 일단 감정적으로 다가가되 공헌과 업적에 대해서는 분명하게 감사한 마음을 표현해야 한다. 개인적인 가치에 대해 인정하고 존중하고 있다는 것을 보여주면 좋다. 추상적인 제안보다는 구체적이고 실용적으로 제안해야 하며 회사의 지침과 계획에 대해 준수하는 모습을 보여줘야 한다. 또한, 제안사항이 다른 사람들에게 어떤 영향을 미치는지 여부와 사람들의 성장, 발전에 연관성이 있다는 것을 강조하는 것이 좋다.

4. 내향적 감정형

따뜻함과 배려, 존중받고 지지받는 대화 분위기를 매우 선호하며 공감적 경청을 잘하고 조화를 추구하고자 한다.

이런 유형은 진실을 담아 인정과 지지를 먼저 말해야 한다, 조용히 감사한 마음을 전할 필요가 있으며 1:1로 대화하는 것이 매우 효과적이다. 제안 시 압박감에 목소리를 높이거나 거만하게 느낄 수 있는 행동이나 태도를 보이지 않도록 주의해야 한다. 상식적인 것에 초점을 두고 실용적이고 구체적인 세부사항을 제공해야 한다. 인간 중심의 가치에 초점을 두어야 하며 제안사항이 다른 사람들에게 현실적으로 어떤 도움을 줄 수 있는지에 중점을 두어 제안하면 효과적이다.

5. 외향적 감각형

실용적인 정보에 집중하며 감각적이고 흥미로운 주제에 집중을 잘한다. 매우 활동적이고 유쾌한 대화 방식을 선호하나 집중력의 시간이 길지 않다.

효과적인 소통방식은 논리적이고, 합리적으로 접근해야 하나, 재미있고 긍정적, 열정적인 분위기를 형성하는 것이 좋다. 제안사항에 대해 추상적인 목표보다는 현시점에서 당면한 문제점을 실용적인 해결책을 찾을 수 있음을 강조해야 한다. 미팅시간은 짧은 것이 좋다. 너무 길게 구구절절 설명하지 말자. 단, 질문은 많이 받아라. 질문에 대한 답을 말 할 때는 요점을 위주로 핵심정보를 전달하는 것이 효과적이다.

6. 내향적 감각형

과거의 사실적 데이터를 기반으로 현재를 분석하고 유지하려는 성향이 강하며 사실 데이터에 집중한다. 매사에 매우 꼼꼼하며 신중하다는 말을 많이 듣는다.

사실적이고 구체적인 정보와 자료를 미리 앞서서 제시해야 효과적이다. 논리적이고 객관적으로 한 번에 하나씩 차근차근 자료를 제시해야 한다. 제안사항이 실질적으로 적용 가능함을 강조해야 하며 과거 성공 사례가 있다면 함께 제시하는 것이 효과적이다. 절대 중간에 말을 끊고 즉답하는 것을 삼가야 한다. 가능하면 미팅 전 문서로 먼저 제안사항을 전달하고 충분히 검토될 수 있도록 하고 제안 미팅 일정을 확인하는 것이 좀 더 효과적이다.

7. 외향적 직관형

열린 사고방식으로 자유롭게 브레인스토밍을 즐기는 대화를 많이 한다. 난상토론을 즐긴다. 새로운 가능성과 아이디어에 초점을 두고 있으며 에너지와 열정이 넘치는 모습이 보인다.

제안 보고 시 자료를 도식화하여 도표 및 조직도와 같이 전체적인 그림을 확인할 수 있도록 정보를 제공해야 한다. 세세한 정보를 설명하는 데 너무 많은 비중을 두는 것은 좋지 않다. 자유로운 방식으로 미팅할 수 있도록 분위기를 제공해야 하며 고정관념을 깨는 새로운 관점의 대화도 가능하다. 새로운 가능성에 열려 있는 성향으로 경직된 분위기는 반드시 피하고 격려와 칭찬 같은 긍정적인 분위기를 조성해서 미팅을 진행해야 더욱 효과적이다.

8. 내향적 직관형

이면의 의미, 내적 패턴, 상징, 영감, 미래 가능성에 초점을 둔 대화 방식을 선호한다. 추상적이고 관념적인 언어를 사용하며 때론 복잡해 보이는 표현을 한다.

이런 유형은 거시적인 관점과 미래 가능성에 집중하여 의견을 제시해야 한다. 논리적이고 객관적인 정보를 제시해야 하며 이에 대한 예리한 비평과 질문이 이어질 것을 예측하여 예상 질문에 대한 답변을 사전에 준비해 둘 필요가 있다. 제안사항이 사람들의 성장과 복지에 대한 긍정적인 영향을 줄 수 있음을 강조하는 것도 좋다. 기존의 고정관념을 벗어난 제안이더라도 장기적인 비전과 미래에 초점을 두고 제안할 경우 좀더 효과적이다.

지금까지 8가지 유형에 따른 제안 방법에 대해 알아보았다. 우리 회사 상사의 성향은 어떠한가? 물론 이 성향에 완전히 맞아떨어지지 않을 수있다. 다만 참고해서 제안할 때 어떻게 할 것인지 계획 세우는 데 참고가될 것이다. 이런 경험이 누적되면 상사도 제안을 받아들일 확률이 높아지고, 팀의 성장은 더욱 가파르게 올라갈 것이다.

모호한 지시를 구체적으로 바꾸는 방법

가끔 상사의 업무 지시가 애매모호한 경우가 있다. 이럴 경우 정말 난감하기만 하다. 그냥 '느낌 아니까~ 이런 느낌 알지?'같은 막무가내식 지시는 피곤하게 만든다. 그래서 뭘 어떻게 하라는 건가? 이럴 때는 "네"라고 대답하기 전 구체적인 지시로 끌어야 한다.

상사의 모호한 업무 지시를 구체적으로 만들 수 있는 방법은 세 가지로 구분할 수 있다.

첫째, 상사의 니즈를 사전에 제대로 파악하자.

상사가 무엇을 원하고 무엇을 요구하는지 사전에 확인되어야 한다. 상사의 업무 지시 내면에 숨겨진 의도가 있을 수 있다. 그 의도를 찾아야 한다.

A 상사는 B 팀장에게 재무부와 특별약정에 대한 검토를 하기 전 미리 해석해놓으라고 오더를 내렸다. 이후 재무부와 특별약정 검토를 진행하는데 상사는 B 팀장에게 부분해석에 대한 의견을 물었다. 이미 재무부와 미팅 전에 해석해놓았던 B 팀장은 당당하게 자기 생각을 말했다.

잠시 후 분위기가 싸늘해지고 조용해지면서 A 상사는 참석한 모든 팀장을 회의에서 나갈 것을 지시하였다. 나중에 알게 된 내용이지만 특별약정의 해석에 대해 이미 상사는 의견을 정해 놓았다고 한다. 당연히 미팅 전 B 팀장이 의도를 파악해서 해석해놓았을 것으로 생각한 A 상사는 그 자리에서 의견을 물었던 것이고, 완전히 반대되는 해석을 하면서 상황이 악화된 것이다. 만약 재무부 미팅 전 상사의 현재 상황이나 해당 건에 대한 생각 등을 사전에 확인하고 상사가 무엇을 원하고 무엇을 나에게 요구하는지 인지하고 있었더라면 미팅에서 제외될 일은 없었을 것이다.

둘째, 상사에게 질문하라.

상사의 업무 지시를 받고 나서 상사에게 이것, 저것 질문한다는 것은 실무에서 꽤 어려운 일이다. 질문이 많으면 상사는 알아서 좀 하길 바라거나, 질문하는 팀장의 역량과 자질에 대해 의심하게 된다. 이 때문에 팀장으로서 상사에게 질문하기란 쉽지 않다.

하지만 모호한 상사의 업무 지시를 구체화하기 위해서는 질문은 필수다. 앞서 말한 첫 번째 상사의 니즈가 무엇인지를 파악하는 것으로부터 시작하여 질문으로 하되 물음표가 아닌 마침표로 상사에게 조언을 구해야 한다.

질문하기 위해서는 먼저 업무 지시에 대한 키워드를 적어두자! 키워드를 기반으로 업무의 방향성과 제출 기한을 아래와 같이 조언을 구해보자.

"상무님, 매출 증가 방안에 대하여 특별히 집중해야 할 부분이 있으시면 조언 부탁드립니다!", "매출 증가 방안에 있어 거래처 확보와 영업사원 교육이 필요할 것 같은데 추가로 고려할 사항이 있으시면 조언 부탁드립니다!"

이렇게 내 생각을 넣고 '조언해 달라'고 돌려서 질문하면 상사의 의견을 정확하게 알 수 있다.

셋째, 상사에게 피드백 보고를 하라.

'시켜서 하면 일이고, 먼저 하면 서비스'라는 말이 있다. 상사의 모호한 업무 지시를 구체적으로 만들기 위한 방법으로 먼저 상사에게 피드백하는 것이다. 상사는 본인이 지시한 업무에 대해 언제쯤 결과를 보고 받을 수 있을지 마냥 기다리고 있다. 다만 내색하지 않을 뿐이다. 이때 상사에게 업무 중간 피드백 보고를 진행하는 것은 업무 성과를 창출하는데 비타민 같은 것이라 할 수 있다.

피드백 보고를 하면서 상사가 요구한 사항을 다시 한 번 리마인드 시키고 확인할 수 있다. 이때 상사가 방향성이 맞는지 수정, 보완해야 하는지 알려줄 것이고, 이 과정을 통해 더욱 구체화할 수 있다. 상사는 피드백 보고를 한 팀장에 대해 더욱더 신뢰하게 되며 상사의 의견이 포함된 결과물에 대한 기대가 생기게 된다.

위의 3가지 순서대로 진행해보자. 때론 이 세 가지를 한 번에 모두 활용해도 좋다. 다만 상사의 업무 지시 후 신중하게 생각하느라 너무 오랜 시간을 지체하지 않길 바란다. 업무 지시에 따른 최상의 결과는 완성되는 과정임을 기억하길 바란다.

제4장
조직과 개인의 성공을 좌우하는 팀장으로 성공하는 법

Part 1.
팀원의 성향에 따른 코칭과 갈등관리

업무 능력이 부족한 직원의 스킬 사기 급으로 올리는 법

'무엇'을 해야 하는지 모르는 팀원들과의 의사소통 법

명확한 '업무' 중심 성향과 '감성' 중심 성향의 직원들 사이에서 조율하는 법

지각과 책상 정리, 기본 태도에서 생기는 갈등 관리법

팀원을 주도적인 인재로 만드는 방법

업무역량이 부족한 팀원의
스킬 사기급으로 올리는 법

업무 스킬을 사기급으로 올릴 수 있다고 한다면 믿을 텐가?

대부분 팀장은 팀원의 수준 높은 업무역량을 기대할 것이다. 신임 팀장의 경우 더하다. 이제 갓 팀장이 되어 능력 있는 팀원의 도움이 절실히 필요하다. 하지만 기대한 만큼 높은 경우는 드물다. 어떻게 내 입맛에 모두 맞겠는가? 분명 주변 평판으로는 업무역량이 높은 사람도 함께 일하다 보면 그렇지 않기도 한다. 어느 팀에서는 잘 맞았을지 몰라도, 어떤 팀에서는 또 안 맞을 수도 있다. 단순히 스킬적인 부분뿐만 아니라 팀원과의 협동도 중요한 부분을 차지하기 때문이다.

업무역량을 기술하면 다양하겠지만 큰 분류로 3가지로 구분할 수 있다. 이에 따라 어떻게 발전시키는지 함께 알아보자.

첫 번째, 기획 및 실행 역량을 전략적으로 높이기.

회사의 성과목표 달성과 직접 연관되는 역량이 바로 '기획 및 실행'이다. 해당 역량은 팀에서 경력이 많을수록 높다고 볼 수 있다. 간혹 경력은 있는데 기대 이하의 역량을 보유한 팀원도 있을 수 있지만 대부분 경력에 따라 역량이 비례한다고 보면 된다. 경력만큼 실제로 많은 경험이 쌓이면서 자연스럽게 역량도 올라가는 것이다. 팀원 중 중간급 이상 이 역량을 보유해야만 앞으로 팀의 성과 달성에 많은 도움이 된다.

과거 팀원 중 경력이 많은 A 선임이 해당 역량이 부족하여 협업하는데 많은 시간을 소비했다. 팀장인 나는 경력이 많기에 당연히 역량이 높을 거라 생각하고 A 선임과 함께 심도 있는 미팅을 진행했다. 하지만 그는 선임임에도 불구하고 지금까지 업무 경험이 많지 않아 비용 산출은 마다하고 사업기획 보고서도 작성하기가 쉽지 않았다.

A는 경력에 비해 역량이 떨어지다 보니 주위의 후배들에게 뒤처지는 것 같아 출근하기가 무섭다고 했다. 역량 강화가 필수적이었다. 우선 A에게 과거 팀에서 진행했던 모든 기획서와 사업계획서를 제공하고 검토하고 해석해보라고 했다. 팀 내 이와 유사한 자료가 없는 경우 유관 팀을 통해 자료를 확보하여 제공했다. A와 이 자료들을 함께 해석하며 시간을 보냈다. 지난 자료라도 해석하고 분석하는 연습을 많이 하다 보면 눈에 보인다. 그렇게 일대일 과외처럼 한 달 동안 매주 한 두 차례에 걸쳐 진행했고, A의 실력은 눈에 띄게 일취월장했다.

현재 A는 선임으로서 톡톡히 역할을 하고 있다. 얼마 전 A가 Project

Manager 자격증을 취득하는 기쁜 소식도 전해 주었다.

두 번째, 커뮤니케이션 역량이다.

업무 수행을 위해서는 이와 관련된 부서 사람들, 또는 외부 고객분들과 자주 커뮤니케이션을 해야 한다. 이때 어떻게 커뮤니케이션하느냐에 따라 내 평판이 달라진다. 주로 업무를 하며 대화를 하기에 '말하는 것'에 집중하는 경우가 많은데, 말을 잘 하는 것뿐 아니라 경청도 중요하다. 상대의 이야기를 잘 듣다 보면 답이 있다. 무엇을 원하는지, 어떻게 되길 바라는지 빠르게 캐치할 수 있고, 그에 맞춰 응대할 수 있다.

상대의 직급이나 상황에 따라 각기 다른 커뮤니케이션 전략을 사용하는 것도 중요하다. 과거 팀원 중 한 명인 B는 지점장과의 커뮤니케이션을 매우 힘들어한 적이 있다. 마치 지점장이 자기를 잡아먹을 것 같다고 표현했다. 의견을 명확하게 말하지 못하고 주뼛거리거나 우물거리는 태도가 지점장에게는 좋지 않게 보였던 것이다.

이는 커뮤니케이션의 전략을 미리 수립하지 않고 미팅하다 보면 발생할 수 있다. 미팅의 주제와 안건을 명확히 알고, 어떻게 의견을 제시하고 참여할지 전략을 세워야 한다. 그렇지 않으면 어리바리하다가 끝나버릴 수 있다.

B 팀원이 많이 힘들어해서 한번은 지점장과 미팅 전 팀원을 불러서 사전 커뮤니케이션 전략 미팅을 진행했다. 먼저 지점의 여러 지표를 준비하여 해당 팀원과 다양한 프레임으로 자료 분석을 했다. 해당 지점장과

의 경험이 있는 팀원도 함께 미팅에 참여시켜 진행했다. 분석을 하다 보니 지점의 문제점을 찾을 수 있었다. 이 부분에 대한 솔루션을 세 가지 정도 준비하여 지점장 미팅에 참석하였다.

미팅 결과는 어땠을까? 예상대로 대만족이었다. 이렇게까지 준비한 것을 보니 회사에 대한 신뢰가 높아진다며 엄청난 칭찬을 받을 수 있었다.

우리는 대부분 커뮤니케이션을 할 때 사전 준비 없이 참여한다. 단순히 시간 때우기로 끝내고 싶다면 그렇게 해도 된다. 하지만 제대로 눈도장 찍고, 업무역량을 높이고 싶다면 전략적으로 다가가야 한다. 이는 내 능력뿐만 아니라 팀원 모두 성장하게 한다.

세 번째, 조직 행동 역량이다.

쉽게 말하면 팀워크이다. 팀 분위기에 따라 성과 달성에 영향이 있으므로 중요한 역량 중의 하나이다. 조직 행동이란 팀이나 조직 내에서 표출되는 행동에 개인, 집단 및 조직의 구조 등이 어떻게 영향을 미치는지를 살펴보는 것으로 팀 내 개인의 행동에 따라 긍정적 또는 부정적인 영향을 줄 수 있다. 따라서 팀장이 잘 관찰하고 관리해야 한다.

신임 팀장으로 열정에 불타올라 미팅을 가질 때 매번 부정적으로 아이디어를 박살 내는 C 팀원이 있었다. 계속되는 부정적인 태도에 다른 팀원들도 더 이상 아이디어를 내지 않았고 조용한 분위기로 팀 미팅이 진행되기도 했다.

이를 그대로 보고만 있을 수 없어, 부정적인 팀원에게 바로 과제를 주었다. C 팀원을 천재라고 한껏 추켜 세워주면서 꼭 필요하니 3가지 이상의 아이디어를 작성하여 제출해 줄 것을 요청했다. 다만 부정적인 시각에 대한 견해 또는 솔루션을 과제로 요청하였다. 이때 다른 팀원들에게도 같은 과제를 내주었다. 어떻게 되었을까?

결국, 부정적인 C 팀원은 아이디어 3가지를 작성해 오는 것을 어려워했으며, 제출하지 못했고, 다른 팀원들은 솔루션까지 과제 제출을 완료하였다. C 팀원은 이런 상황을 보며 스스로 깨달았다. 그에게 "팀의 일환으로 팀의 미션과 목표를 함께 분명히 알고 업무를 처리하길 바란다."고 말하며 앞으로도 함께 잘해보자고 어깨를 토닥였다. 이후 C 팀원은 부정적인 말은 더 이상 하지 않았고, 좋은 아이디어가 나오면 적극적으로 참여했다. 지금은 선임이 되어 간혹 부정적인 팀원이 보이면 무조건 천재라고 부르며 과제를 준다고 한다.

팀원의 업무역량이 부족한가? 사기급으로 스킬을 올려주고 싶은가? 위의 3가지 방법으로 끌고 가보자. 중요한 것은 소통이다. 팀은 혼자만 잘한다고 잘 되는 것이 아니다. 함께 힘을 합할 때 목표를 이루는 힘이 커진다.

'무엇'을 해야 하는지 모르는 팀원들과의 의사소통법

업무 지시를 한 지 하루가 지났다. 아직도 소식 없는 팀원 D. 팀장인 나를 무시하는 것은 아닌지, 업무역량이 부족해서 시작하지 못한 것인지, 심지어는 집에 개인적인 문제가 있는지 온갖 생각이 든다. 신임 팀장의 경우 팀원들과 관계 형성이 아직 초반이라 더 그런 느낌을 받을 때가 있다.

무슨 이유에서인지는 몰라도 아무것도 하지 않는 것은 정말 큰 문제이다. 이런 상황을 만들지 않도록 팀원에게 업무 지시를 하기 전에 먼저 팀원의 업무역량 여부를 반드시 사전에 확인해야 한다.

보통 직급이 있는 팀원은 당연하게 '어느 정도 업무역량이 있겠지.'라고 생각하게 된다. 하지만 자기 업무역량을 넘어서 승진을 하는 경우, 또는 새로운 직무 전환을 한 경우에 업무역량이 기대 이하일 수도 있다.

이런 팀원의 경우에는 먼저 개인적인 자존감을 잘 살려줄 필요가 있다. 자신감을 갖고 업무에 임할 수 있도록 팀장의 울타리를 만들어 줘야 한다. 본격적인 업무에 들어가기 전 배경설명을 하면서 과거에 이와 비슷한 업무를 진행한 적이 있는지, 있다면 어떤 방식으로 진행했는지 질문하고, 해당 업무와 비슷한 부분이 있다면 설명해준다. 경험이 있다는 것만으로도 팀원의 내적 동기를 끌어낼 수 있다. 스스로가 자발적으로 동기부여 되어서 자신감을 갖고 업무에 임할 수 있도록 해야 한다. 지속적인 성장을 위해 주기적인 점검을 하고 자존감을 높일 수 있도록 피드백을 해줘야 한다.

업무역량은 뛰어나지만, 무엇부터 해야 할지 모르는 팀원이 있을 수도 있다. 이 경우, 업무에 대한 배경설명과 업무 전체 흐름을 처음부터 끝까지 공유해야 한다. A에서 Z까지 업무 프로세스를 나열시켜 놓고 팀원이 집중적으로 해야 할 부분에 대해 강조되어야 한다.

또한, 이 업무를 통하여 목표가 무엇인지 명확히 인지시켜 주어야 한다. 왜 해야 하는지 이유와 목표가 명확하면 일의 우선순위를 정하기 쉬워진다. 업무 프로세스에 달라지는 담당자도 모두 하나하나 확인시켜주고, 서로 업무 공유를 할 수 있도록 한다. 그래야 중간, 중간 바뀌는 일이 생기면 그때그때 소통하며 빠르게 진행할 수 있다. 팀장은 옆에서 각 프로세스를 점검하고 주기적인 피드백을 해줘야 한다.

특히 신입사원의 경우 어떻게 일이 돌아가는지 모른 채 선임 업무 지원을 하느라 이쪽, 저쪽 바쁘게 뛰어다닌다. 그러다 보면 업무의 전반적인 흐름을 전혀 읽지 못하고 업무에 투입되기도 한다. 이 경우 각 파트별 선임이 직접 업무 지시를 하게하고 신입 팀원의 성장을 지켜봐야 한다. 또한, 업무 지시를 할 때 팀의 업무 목표 및 방향성, 그리고 업무 방식과 용어가 설명된 업무 매뉴얼을 숙지할 수 있도록 해야 한다. 정확한 업무 가이드라인과 그에 맞춰 주기적인 피드백이 필요하다.

신입사원의 경우 업무역량과 더불어 자신에게 주어진 여러 가지 업무 중에서 제일 중요한 것이 무엇인지 업무 우선순위를 스스로 정할 수 있도록 지도해야 한다. 업무에 대한 기본적인 시간 관리 방법에 대해서도 지도가 필요하다. 신입은 대부분 선임팀원의 업무를 지원하는 경우가 많다. 팀에서 책임감 있게 정해진 업무가 없고 역할도 명확하지 않아 신입사원의 내면에 가지고 있는 역량을 펼칠 기회가 많지 않다. 팀장은 신입사원과 깊은 면담을 주기적으로 가지며 업무과정을 점검하고 성장할 수 있도록 피드백해야 한다. 다른 팀원들과의 관계는 어떠한지도 체크하면서 업무 지원에 있어 한쪽으로 쏠리지는 않았는지 점검할 필요가 있다.

무엇을 해야 하는지 모르기에 더더욱 스스로 할 수 있게 도와주어야 한다. 모른다고 업무 서포트만 하게 하거나 뺑뺑이만 돌리면 절대로 성장할 수 없다. 팀원을 성장시키고 싶다면 경험하게 하자. 경험이 쌓여야 경력이 되고, 역량으로 자리 잡는다.

명확한 '업무' 중심 성향과
'감성' 중심 성향의 직원들 사이에서 조율하는 법

팀이 성장하기 위해서는 팀원의 성향을 무시할 수는 없다. 오히려 이 성향을 활용해서 적합한 업무를 맡으면 훨씬 효과적이기도 하다. 성향을 단순 '성격테스트'의 한 일환으로 보고 회사의 의견만 앞세우면 MZ세대들은 버티지 못하고 떠나가게 된다. 개개인의 성향과 성격에 관심 많은 그들의 특성을 이해하고 잘 활용하자.

그렇다면 성향이 다른 직원들 사이에서 업무의 성과를 높이기 위해 어떻게 해야 할까? 성향에 따라 업무를 대하는 태도가 달라지는데 이를 이해하면 좀 더 쉽게 접근할 수 있다. 보통 명확한 '업무' 중심을 우선시하는 성향과 사람 '감성' 중심의 성향으로 나눌 수 있다.

1. 사고형

명확한 업무 중심의 성향은 사고형으로 논리를 토대로 의사를 결정하는 유형이다. 이와 같은 팀원은 감정적이거나 개인화된 관점으로 업무나 상황에 접근하지 않는다. 업무 진행 시 상황과 팀원 자신을 분리해서 판단을 내리는 것을 선호한다.

이 유형의 팀원은 선택이나 행동에 대한 '논리적인 결과'에 집중을 더 많이 하며, 업무의 진행 상황을 객관적으로 검증하여서 한다. 또한, 팀원들이 추구하는 바는 진실의 객관적인 표준과 원리원칙의 적용으로 회사 내규나 제도를 기반으로 결정을 내린다. 무엇이 잘되고 잘못되었는지 손쉽게 분석하여 알아낼 수 있는 분석력이 있다. 따라서 인과 추론을 사용하며, 공정함에 가치를 두고 정의를 추구하고자 한다.

이 유형의 팀원들은 측정 가능한 목표를 세우고 체계적으로 접근하는 것을 선호한다. 또한, 논리적이고 간결한 의사소통 방식을 선호하며, 기준과 원칙을 세우는 것을 좋아한다. 회사업무 자료, 아이디어를 카테고리로 체계화하려 하며 근본적인 원리를 이해하려고 노력한다.

2. 감정형

반면, 감정 중심의 성향은 기본적으로 업무 상황을 '개인화'해서 받아들인다. 사고형과는 반대되는 심리유형으로 팀원이 업무 실수에 대한 일을 얘기하면 사고형은 누가 무엇 때문에 잘못한 것 같다는 식으로 논리적인 분석과 평가를 하려고 한다. 반면 감정형의 유형은 팀원의 그 사실에 대해 자신의 정서를 대입하여 속상했겠다, 힘내라는 식의 반응을 보인다. 또한, 의사결정을 위해 자기 자신을 정신적으로 업무 상황에 몰입시킨다. 팀원 개개인에 대한 조화를 추구하며 개인적이든 공적이든 감정적인 갈등을 매우 불편해한다. 이 유형의 팀원은 팀원들을 이해하고 인정할 수 있는 역량이 있으며 칭찬과 지지적 표현을 잘하며 팀원에게 미칠 영향에 초점을 둔다.

이 유형의 팀원들은 조직문화에 적합한 행동을 하려고 하며 팀원 동료들과 친밀한 관계를 맺는다. 팀원에 속한 사람들이 서로 조화롭게 일할 수 있는 팀 분위기를 만들고 싶어 한다. 때론 인간적인 가치를 기준으로 결정을 내리고 상대방을 존중하고자 한다.

위 두 성향이 서로 상반되어 보일 수 있다. 실무에서도 업무 미팅을 진행하게 될 때 두 유형의 대립을 간혹 볼 수 있는데 이는 맞고 틀림이 아니라 사고형은 업무를 추진함에 있어 논리적으로 분석하고 해석하는 데 초점을 두고, 감정형은 상호작용을 중시하여 팀원들의 요구에 부응하고자 하며 팀원들과의 조화와 협력에 초점을 둔다.

이 두 유형을 조율하는 방법으로 사고형의 팀원에게는 감정에 초점을 맞춰 메시지를 전달해야 한다.

"이 업무를 통해서 우리 팀의 최상의 팀워크를 경험할 수 있기를 기대하고 있습니다. 감정형 동료들과 함께 소통하고 협력하여 성과를 내어 봅시다."

감정형의 팀원들에게는 사고형에 초점을 맞춰 메시지를 전달하는 것이 좋다.

"이 업무를 통해서 우리 팀이 전문적인 팀으로 알릴 수 있기를 기대합니다. 사고형 동료들과 함께 분석하여 멋진 성과를 내어 봅시다."

서로의 성향만 주장할 경우 대립할 수밖에 없지만 두 성향이 한 팀으로 동일한 목표를 향하여 분석하고 협력하여 나아간다면 더욱 완벽한 팀이 될 것이다.

지각과 책상 정리, 기본 태도에서 생기는 갈등 관리법

팀장은 오늘 아침에도 이 대리의 자리를 바라본다. 출근 시간 5분 전이다. 팀장의 가슴은 시커멓게 타들어 간다. 과연 오늘은 또 어떤 변명을 할 것인가? 58분, 59분…. 9시 정각이 되자 저 멀리서 타다닥 뛰어 들어오는 이 대리의 모습을 볼 수 있다.

"죄송합니다. 지하철이 연착되어 늦었습니다."

이 대리의 주요 지각원인은 지하철이다. 도대체 망할 지하철은 왜 이 대리만 타면 연착이 되는지 알 수 없는 노릇이다. 덕분에 팀장은 아침마다 마음을 졸이며 시계를 바라봐야 한다. 지각은 이 대리가 하는데 왜 팀장이 스트레스를 받는 걸까? 한 명이 지각하면 팀 분위기가 무너지기 때문이다. 정시에 오면 그나마 다행이다 꼭 1~2분씩 지각을 하는데 말하기엔 치사하고, 말 안 하자니 답답하다. 지각하는 만큼 이 대리의 업무 성과 또한 바닥을 친다. 게다가 다른 팀원 눈치를 보여 슬며시 가방을 내려놓는 모습도 안타깝다. 본인도 힘들어하면서 왜 안 고쳐지는 걸까?

이 대리뿐만 아니다. 팀장의 하루는 이벤트의 연속이다. 이처럼 팀원들과의 출근 시간문제로 갈등을 겪으면서 하루를 시작해야 한다. 어떻게 하면 이 대리의 출근 시간을 앞당길 수 있을까? 이 대리와 갈등으로 하루 시작 출발이 좋지 않은 마음으로 시작된다.

자! 여기서 짚고 넘어갈 포인트가 있다. 바로, '왜 이 대리는 매일 지각을 하는 것일까?'다. 대부분 팀장은 '지각'에만 포커스를 두고 지적과 주의를 시키는 데 그친다. 그보다 더 근본적인 문제를 찾아야 한다. 그렇지 않으면 이 대리의 지각문제는 절대로 해결되지 않는다. 이럴 때는 귀납법 말고, 연역법 추론을 해보자. 귀납법은 경험적 사례로부터 일반 법칙에 이르는 논증 방법을 말하고, 연역법은 일반적 사실이나 원리를 전제로 하여 개별적인 특수한 사실이나 원리를 결론으로 이끌어 내는 방법을 말한다.

대전제) 이 대리는 지각한다

소전제) 이 대리는 집에서 8시에 문을 연다

결론) 이 대리는 9시가 넘어야 회사에 도착한다. 이 대리는 지각한다.

자, 여기에서 문제의 원인을 발견했는가? 바로 8시에 출발한다는 것이다. 지각하지 않으려면 최소한 7시 50분에는 집에서 문을 열고 출발해야 한다는 결론이 난다. 간단하지만 쉽게 원인을 찾을 수 있다. 이 문제를 이 대리와 함께 쓰면서 얘기해보면 더 쉽게 찾을 수 있다. 이 대리 스스로 질문에 답을 하면서 말하게 하는 것이다.

"아, 제가 10분만 더 일찍 나오면 되겠군요!."

팀장이 백번 잔소리하면서 10분만 더 일찍 나오라고 말해도 듣지 않던 이 대리는 스스로 답변하면서 답을 찾는다. 실랑이 할 필요도 없이 자연스럽게 해결이 된다.

이번엔 김 주임 책상을 보자. 책상 위에 있는 물품들이 눈에 거슬린다. 김 주임의 책상은 항상 정리정돈이 되어있지 않아 주위 동료들에게도 지적을 당하는 경우가 있었는데 오늘도 김 주임의 책상은 정리되지 않은 채 퇴근했다. 급한 용무가 있는 것일까? 그렇다기엔 매일 급하지는 않을 텐데 엉망이 돼버린 책상이 궁금하기만 하다.

아침에 출근해서 김 주임과 티 타임을 가져본다. "김 주임은 업무도 꼼꼼하게 잘 하고 성실한데 책상이 좀 어수선 한 것 같아요, 업무 수행하는데 정리가 되어있지 않으면 복잡하지 않을까요? 어떻게 생각하세요?"라고 물으니 김 주임은 전혀 불편한 것 없다고 한다. 오히려 있어야 할 자리에 물품들이 다 있어서 쉽게 찾을 수 있어 편하고 좋다고 했다. 이 답변에 팀장은 어떻게 했을까?

"그렇지요. 책상에 물품이 모두 다 있으니 편하긴 하겠네요."

팀장은 더 이상 지적하지 않았다.

대부분 사람은 본인 기준으로 바라보고 평가하는 데 있어 익숙하다. 그 사람에게는 그게 편한 일일지도 모른다. 물론 회사에 안 좋은 영향을 미친다면 바꿀 필요는 있다. 하지만 업무에 전혀 방해되지 않고 다른 동료들에게도 크게 영향이 미치지 않는다면 신경 끄자.

단, 개인정보나 회사기밀 문서는 예외다. 이는 당연히 별도 보관해야 하기에 본인 물건을 정리하는 것과는 다른 문제다. 어쩌면 개인의 성향을 존중해주는 것이 오히려 업무 효율을 높이는 데 도움이 될 수 있다.

팀원을 주도적인 인재로 만드는 방법

"팀장님! 제가 여기부터 여기까지 전부 다 준비해놨습니다."

A 팀원이 미리 미팅 준비를 다 해놓았다. 새로 시작하기로 한 프로젝트 프로세스 정리도 해놓았다. B 팀원은 미리 유관부서에 연락해 협업준비를 마쳤다고 보고했다. 이제 실행만이 남았다.

이렇게 된다면 얼마나 좋을까? 팀장이 하나하나 말하지 않아도 팀원이 스스로 주도적으로 미리 준비해놓는다면 일이 더 수월해질 것이다. 그런데 모든 팀원이 내 맘 같지 않다. 분명 우수한 역량을 갖고 있음에도 이상하게 나와 티카티카가 맞지 않는다. 뭐가 문제일까?

문제는 팀원에게 있지 않다. 팀원이 스스로 움직일 수 있도록 환경설정을 해주지 않은 탓이다. 아무리 뛰어난 인재라고 하더라도 조직문화가 경직되어있거나 자유롭게 의견을 제시할 수 없는 상황이라면 시키는 것만 하게 된다. 거기다 소통이 잘되지 않으면 시키는 것조차도 못하는 경우가 생길 수 있다. 중요한 것은 조직문화와 소통이다. 팀원을 주도적인 인재로 만드는 방법 5가지 비밀을 함께 파헤쳐보자.

첫 번째, 회사를 위한 것이 아닌, 팀원 개인의 미래를 위함인 것을 인식시켜야 한다. 단순히 '우리 팀의 목표는 이것이니 이렇게 하세요.'는 먹히지 않는다. "그래서 제가 왜 해야 하죠? 그냥 저는 월급 받는 만큼만 할 건데요."라고 되받아칠 수 있다.

똑똑한 AI가 나오는 지금, 사람만이 할 수 있는 창의적인 능력을 탑재해야 한다. 그러기 위해서는 여러 경험과 함께 스킬을 쌓아야 한다. 회사에서는 개인의 성장을 돕고, 개인은 자신의 성장이 곧 팀의 성장임을 알고 함께 나아가야 한다. 서로의 목표가 일치하면 더욱 좋다. 그러기 위해서는 각 팀원이 생각하는 것이 무엇인지, 그들이 그리는 미래에 대해 자주 소통해야 한다. 그들의 미래를 함께 고민하고 방향을 찾아갈 때 팀원들도 신뢰하고 자신의 성장을 위해 자발적으로 움직이게 된다.

두 번째, 긍정적인 에너지를 가질 수 있도록 팀원의 마인드 컨트롤할 수 있는 역량을 키워줘야 한다. 팀원의 자존감을 높여줘서 어떤 업무가 주어져도 해낼 수 있다는 자신감을 갖고 대할 수 있게 훈련시켜야 한다.

팀원의 자존감과 자신감을 훈련시키기 위해서는 1:1 미팅을 통해 팀원을 알아가는 시간이 필요하다. 팀원의 강점과 약점을 확인하여 현재의 역량으로 처리 가능한 업무를 줘서 점검하고 결과를 낼 수 있도록 지원해 보자. 이는 과정 관리가 매우 중요하며 이를 통해 유대관계가 형성되고 팀원 스스로도 작은 성공의 맛을 볼 수 있게 해 줄 수 있다. 작은 성공이 쌓여서 어떠한 업무가 주어지더라도 긍정적인 사고로 방법을 찾게 된다.

세 번째, 자신의 고객이 누구인지를 파악해야 한다. 팀장의 고객은 누구일까? 우리가 직장생활을 하며 가장 먼저 확인해야 할 것이 바로 고객이다. 요즘은 고객 구분을 세부적으로 많이들 한다.

먼저 회사에서의 대표 고객군이 있을 것이다. 이는 회사의 재화나 서비스를 제공하는 대상자를 칭한다. 이를 통해 회사는 수익을 창출하게 된다. 대표 고객분들에게 회사는 꾸준한 로열티와 더 큰 수익을 창출하기 위해 마케팅을 한다.

여기에서 말하고 싶은 고객은 바로 나의 직속 상사를 뜻한다. 팀장의 고객이 바로 직속 상사가 되며 팀원의 고객은 팀장으로 볼 수 있다. 내 고객을 만족시켜야 수익이 창출된다. 사회생활과 직장생활을 잘 하기 위해서는 나의 고객이 누구인지를 사전에 신속하게 인지해야 하며 이들 고객에게 마케팅하고 고객의 니즈와 요구사항을 파악하여 응대해야 한다. 고객이 없으면 회사도 존재할 수 없듯이 팀장이 없으면 팀원도 없다는 마음가짐을 가질 수 있도록 해야 한다.

네 번째, CEO 마인드를 가질 수 있도록 훈련시켜야 한다. 주어진 업무를 CEO 마인드로 임하는 것과 월급쟁이 마인드로 임하는 것은 천지차이이다. 업무 결과가 확연히 달라진다. 업무를 통해 통합적으로 보게 되는 능력도 생기게 되고 향후 CEO로 성장할 수 있는 경험을 미리 할 수 있으며 이를 통해 목표를 달성하고자 노력하게 된다.

마지막으로 다섯 번째, 팀원을 브랜드화 시키자. 이 말은 곧 팀원을 대체할 수 없는 인재로 성장시켜야 한다는 것이다. 팀장과 팀원의 관계는 영원하지 않다. 언제든지 보직이 바뀔 수 있으며 팀원이 퇴사할 수도 있다. 하지만 관계에 대한 기억은 영원할 것이다. 과거에는 팀원이었는데 이직하고자 하는 회사의 임원으로 있는 경우도 있다.

팀장은 팀원과 건강한 관계를 형성해야 하며 항상 팀원의 성장을 위해 노력하고 지원해야 한다. 팀원을 대체 불가한 인재로 양성하기 위해 팀원에게 업무를 지시하기 전에 해당 업무에 대한 자부심을 느낄 수 있게 해야 한다. 왜 이 일을 해야 하는지 이 일을 통해서 무엇을 얻을 수 있는지를 먼저 공유해야 한다.

또한, 팀원의 자존감을 키워주기 위해 서로 인정하는 팀 문화를 형성해야 한다. 서로 깎아내리는 것이 아닌 존중하고 치켜세워주는 문화가 필요하다. 팀원의 전문성과 차별화를 위해 경쟁 업체의 정보 등을 공유하며 함께 연구할 필요가 있다.

이 5가지를 통해 팀원은 스스로 자신이 이 팀의 주인이라고 인식하게 되고, 자신의 일을 찾아서 하게 될 것이다. 내가 회사 안의 1인 기업이라고 인식하게 되면 내 사업을 성공시키기 위해서라도 움직이게 된다. 사장인 내가 가만히 있는데 어느 누가 나 대신 움직이겠는가? 스스로 1인 기업가로 생각하게 만드는 것이 핵심이다. 자신만의 기업을 키우기 위해 자발적으로 성장을 위해 움직일 것이다.

Part 2.
팀원 성장로드맵으로 의사소통하라

무엇을 목표로 하고 어떻게 달성할 것인가 …

팀원과 브레인스토밍하자 …

계획을 수립하고 로드맵을 만들자 …

팀원과 로드맵을 공유하고 가치를 제공하라 …

팀원과 로드맵을 점검하고 코칭하라 …

무엇을 목표로 하고 어떻게 달성할 것인가?

  팀장이 되면 함께 일하는 팀원들의 역량이나 일의 경험치를 높여주기 위해 나름의 방법을 고민하게 된다. 혼자서는 절대 클 수 없고, 팀원과 함께 성장할 때 더 크게, 더 오랫동안 지속성장할 수 있기 때문이다.

  보통 팀원의 성장은 개인의 성장, 직업적인 성장으로 구분할 수 있으며 이는 자기 계발로 이뤄질 수 있다. 단, 개인의 성장과 직업적인 성장을 위해서는 회사 내의 업무나 과제 달성과 연관성이 있을 때 더 효과적으로 성장할 수 있다.

  팀원을 성장시킬 때 가장먼저 염두에 두어야 할 것은 각 팀원의 목표다. 단지 팀원을 기계의 부품처럼 소모품으로 생각해서는 조직력을 강화시킬 수 없으며 팀의 장기적인 성장을 도모할 수 없다. 찐 팀장이라면 팀원을 단순한 소모품이 아닌, 함께 목표를 달성해가는 파트너로 생각해야 한다. 그러기 위해서는 팀원의 목표를 설정하고 그 목표를 달성할 수 있는 방법을 함께 생각하며 지원해주어야 한다.

먼저 개인의 성장으로 팀원의 목표를 설정하여 보자. 개인의 성장은 자기 계발 과정이기도 하다. 팀원과 함께 자기 계발의 역량 분야를 정하고 목표를 설정해야 한다. 예를 들어 커뮤니케이션 역량, 프리젠테이션 역량, 제2외국어 역량, 마케팅 역량 등 다양하다.

주로 회사 내 교육과정 또는 이와 관련된 학원, 세미나 등을 통해 주기적인 학습으로 성장할 수 있다. 팀장은 팀원의 부족한 역량을 파악하고 이를 보완하거나 더 성장시킬 수 있도록 안내하여 주는 역할을 하면 된다. 프리젠테이션 역량이 부족하다고 판단되는 경우 실제 프리젠테이션 학습을 할 수 있는 교육과정을 제안하고 팀원이 수강하면 이를 주기적으로 점검하고 진도 과정 관리를 해야 한다.

다음은 직업적인 성장으로 팀원의 목표를 설정하여 보자. 직업적인 성장은 주로 회사업무와 연관성이 깊다. 따라서 업무 성과를 낼 수 있는 목표를 설정해야 한다. 팀의 업무 목표를 기준으로 팀원이 담당하고 있는 업무의 성과를 목표로 설정해보자. 예를 들어 신규고객 확보, 신상품 개발, 상품 매출 등으로 다양하다. 직업적인 성장은 개인적인 성장과는 달리 업무와 관련성이 높다. 개인의 업무 역량을 높이는데 목표를 두자.

목표를 설정할 때는 SMART 방식을 적용하면 좋다. 워낙 유명한 방법이라 많이 적용하고 있을 것이라 생각한다. 목표달성을 위한 업무 범위,

기간 등이 구체적(Specific)이어야 하며, 목표 달성과정을 관찰하고 양과 질을 측정 가능(Measurable)하도록 계량화되어야 한다. 또한, 목표는 현실적이어야 하며 달성 가능(Attainable)해야 한다. 팀원 개인의 목표는 회사의 사업계획과 팀 목표와 함께 연계(Relevant)해서 수립해야 한다. 마지막으로 목표 업무를 수행하는 기간이 명시(Time bound)되어 있어야 하며, 그 기간은 합리적이어야 한다.

이 SMART 방식을 적용한 목표를 아래와 같이 간략하게 예를 들어보자.

1. 구체적(Specific) : 해당연도 매출 12억 목표(전년 대비 150% 상승)

2. 측정 가능(Measurable) : 매월 1억 달성

3. 달성 가능(Attainable) : 매주 1회 교육 진행(신상품 출시와 교육 전문가 확보)

4. 팀 목표와 연계(Relevant) : 팀 전체 목표 실적 중 25% 배분

5. 기간 명시(Time bound) : 2023년 1월~12월, 매월 1억 목표, 매주 2,500만 달성 점검

목표 설정이 완료되면 팀원이 어떻게 목표를 달성할 것인지 전략을 수립해야 한다. 전략은 기간별로 진행되는데 그전에 먼저 전년도, 지난 분기, 지난 월의 데이터를 수집하고 분석해야 한다. 분석해보면 A 팀원이

목표를 달성하기 위해서 무엇을 해야 하는지, 달성과정에서 예상되는 문제나 어려움을 미리 확인할 수 있다. 예상되는 문제는 해결 가능하면 미리 없애두는 것이 좋다. 최대한 효율적으로 빠르게 가기 위해 전략을 세워보자. 이 과정 중에는 팀장의 코칭이 무엇보다 필요하며 목표에 따른 과정 관리도 필요하다.

팀원 목표관리는 팀 업무 성과와 연계성이 있어 팀 전체 미팅을 진행하는 것이 좋다. 전체 미팅을 통해 팀원 개개인의 목표를 공유하고 달성 하는 데 있어 또 다른 프레임으로 동료 간 의견을 공유할 수 있는 자리를 만들어보자. 동료들로부터 다양한 의견을 듣다보면 더 좋은 방법을 찾을 수 있을 것이다.

전략이 정해지면 그 전략대로 잘 진행되는지 주기적인 미팅을 통하여 과정을 체크하면서 팀원의 성과 목표달성을 지원하자. 목표와 전략만 잘 세워도 반은 완성된 것이다.

팀원과 브레인스토밍하자

탁월한 성과를 내는 팀을 만들기 위해 가장 중요하고 기본이 되는 것은 바로 소통이다. 팀원들과 개방적으로 성과를 내기 위한 아이디어를 내고 낸 아이디어를 잘 정리하여 실행할 수 있도록 해야 한다. 이 아이디어는 브레인스토밍으로 만들어진다.

브레인스토밍이란 일정한 주제에 대해 구성원들의 창의적이고 자유분방한 발상을 통해 아이디어를 도출하고 문제를 해결하기 위한 기법으로 '두뇌(Brain)'와 '폭풍(Storm)'의 합성어다. 머리에서 폭풍이 몰아치듯이 거침없는 발상과 자유로운 관점에서의 아이디어를 도출한다고 해서 스토밍이다. 개개인의 능력만큼이나 중요한 것이 자유로운 발상이다. 단순히 '아이디어를 낸다'가 포커스가 아니라 자유롭게 의견을 내고, 그 의견에 반대도하고, 덧붙이기도 하면서 당면한 문제의 해결방안을 찾아내는 것이다.

브레인스토밍을 제대로 수행하기 위해서는 몇 가지 원칙이 필요하다. 자유로운 발상에 의한 수평적인 발언이 수직적이고 보수적인 조직문화에서는 다소 어려울 수가 있기 때문이다. 이에 미국의 유명 광고 회사 출신임 알렉스 오스본(Alex F. Osborn, 1888~1966)은 브레인스토밍을 위한 4가지 원칙을 공유한다.

첫째, '질보다 양(Go for quantity)'의 원칙이다.

아이디어의 수가 많다 보면 그중에 기발한 생각이 나올 확률도 높기 때문에 우선적으로 다양하고 많은 아이디어를 모으는데 집중해야 한다. 브레인스토밍 하에서는 개인이 아닌 다수의 의견을 모을 수 있고, 아이디어의 수가 많을수록 그중에 문제를 해결할 수 있는 창의적인 방법이 나올 수 있다.

둘째, '비판 보류(Withhold criticism)'의 원칙이다.

팀원 간에 내는 의견에 비판하기보다는 다양한 아이디어를 추가하는데 집중해야 한다. 비판이나 판단을 유예함으로써 비교적 자유로운 아이디어를 도출할 수 있고, 이를 바탕으로 다양한 아이디어를 모으는 것이 가능해진다.

셋째, '어떠한 아이디어도 환영(Welcome wild ideas)' 한다는 원칙이다.

고정된 사고를 타파하고 자유로운 의사 표출을 통해 아이디어를 모으는 데 집중해야 한다. 기존의 방식과 다르게 새로운 관점에서 고민하고,

다양한 프레임을 적용해 봐야 한다.

이는 가벼운 아이디어도 편안하게 제안할 수 있는 분위기에서 가능하다. 모든 아이디어를 받아들이는 조직문화를 만들어 훌륭한 방안이 나올 수 있게 하자.

넷째, '아이디어 결합 및 개선(Combine and improve ideas)'의 원칙이다.

도출된 아이디어를 조합하고 이를 통해 더 나은 아이디어로 발전시키는 데 집중해야 한다. 타인의 아이디어를 모방하고 결합하면, 아이디어 간에도 연쇄반응을 일으키게 되고 이러한 과정을 통해 아이디어는 점점 강화되고 개선될 수 있다. A 팀원, B 팀원 따로 생각하지 말고 둘의 아이디어를 합쳐서 더 구체적인 방안으로 만들어보자. 거기다 살을 붙이면 더 훌륭한 방법을 찾을 수 있다.

브레인스토밍은 창의적인 아이디어 도출을 위한 기법으로 구성원들의 내면에 있는 아이디어를 도출하는데 활용할 수 있다. 무엇보다 중요한 것은 팀원들이 다양한 의견을 제시할 수 있도록 자유로운 토론 분위기를 형성하는 것이다. 경직된 조직문화는 내려놓고, 자유롭고 활기찬 분위기를 만들어보자. 갑작스러운 변화가 힘들다면 최소한 회의시간만큼이라도 그런 분위기를 조성해보자. 훨씬 좋은 아이디어를 만날 수 있을 것이다. 팀원 한 명, 한 명 각자의 의견이 존중받는다고 생각되면 안심하고 더 좋은 생각을 아낌없이 쏟아낼 것이다.

계획을 수립하고 로드맵을 만들자

팀원들의 성장로드맵을 만들기 위해 목표를 세웠다면 제일 첫 번째로 해야 할 것은 계획을 수립하는 것이다. 모든 사람의 성향은 동일하지 않고 다르기에 개인적인 성장에 대한 추구 방식이나 정의도 다를 수 있다. 팀원 개개인의 성향을 고려하여 개인별 맞춤 성장로드맵의 계획을 수립해 보자.

1. 외향적 사고형

논리적 분석을 좋아하는 성향으로 논리적이고 체계적인 방식으로 계획 수립을 진행해야 한다.

핵심에 곧바로 접근하여 성장로드맵의 최종 결론부터 제시해야 한다.

과정은 그다음이다. 논리와 근거를 제시하고 성장에 대한 목적과 비전, 그리고 그것을 실현하기 위한 장기적인 전략과 계획을 중심으로 설명하는 것이 좋다. 이때 실행과정의 기준을 반드시 공유해야 하며 계획, 역할, 책임을 분명하게 구분하는 것이 좋다.

2. 내향적 사고형

논리체계를 중심으로 분석하는 성향으로 조용하고 독립적이기 때문에 성장로드맵의 계획을 세우기 위해서 스스로 성장에 대한 정의를 내리게 하는 것이 좋다.

"어디까지 갔을 때 성공했다고 생각하세요?", "홍길동 씨 목표는 뭐에요?"라고 질문을 통해 스스로 답을 내리게 하는 것이다. 이때 사고형이기 때문에 논리적이고 객관적으로 접근할 필요가 있다. 때론 비판과 문제제기가 있을 수 있으니 계획 수립 안을 도식화하여 순서와 체계를 보여주면 좀 더 효과적이다.

예를 들어 설명하고자 하는 내용을 구조화하여 도형이나 그림으로 표현하는 것이다. 이를 순서와 체계에 맞게 배치하여 보여주면 좋다.

3. 외향적 감정형

표현적이며 동정적인 성향으로 성장로드맵의 계획을 세우기 전 진솔하게 대화를 하며 친밀감을 형성하는 것이 좋다.

"함께 성장하고 싶은 동료가 있나요?", "함께 성장의 목표를 설정하면 뭐가 좋을까요?"라고 질문을 통해 소통하며 성장에 대해 긍정적 표현을 하여 내리게 하는 것이다. 성장로드맵을 통해 '성공', '부자' 개념보다는 개인적인 가치 달성에 목표를 두고 인정하고 존중하고 있다는 것을 보여 줘야 한다. 또한, 성장로드맵이 사람들에게 어떤 영향을 미치는지 여부와 사람들의 성장, 발전에 연관성이 있다는 것을 강조할 필요가 있다.

4. 내향적 감정형

성장로드맵을 만들기 위해 따뜻함과 배려 존중받고 지지받는 대화 분위기를 만들어야 한다.

1:1로 대화하는 것이 매우 효과적이다. 상식적인 것에 초점을 두고 실용적이고 구체적인 계획에 대한 세부사항을 공유해야 한다. 또한, 성장로드맵을 통해 다른 사람들에게 현실적으로 어떤 도움을 줄 수 있는지에 중점을 두어 제안해야 한다.

5. 외향적 감각형

성장로드맵을 구체화하여 공유해야 한다. 실용적인 정보를 제공해야 하며 계획 수립에 있어 재미와 흥미로운 주제로 집중시켜야 한다.

효과적인 소통방식은 논리적이고, 합리적으로 접근해야 하나, 재미있고 긍정적, 열정적인 분위기로 계획 수립을 진행해야 할 필요가 있다. 계획 수립에 대해 추상적인 목표보다는 현시점에서 진행되어야 한다.

6. 내향적 감각형

매사에 매우 꼼꼼하며 신중한 편이라 성장로드맵의 계획 수립을 위해서는 체계적으로 접근해야 한다.

논리적이고 객관적으로 한 번에 하나씩 차근차근 계획 수립을 해나가야 한다. 성장로드맵을 통해 실질적으로 성장하는데 적용 가능함을 강조해야 하며 과거 성공 사례가 있다면 함께 제시하는 것이 좋다.

7. 외향적 직관형

성장로드맵을 위한 계획 수립 시 열린 사고방식으로 자유롭게 브레인스토밍을 즐기는 대화를 많이 한다. 새로운 가능성과 아이디어에 초점을 두는 것이 좋다.

계획 수립 시 자료를 도식화하여 도표 및 조직도와 같이 전체적인 그림을 확인할 수 있도록 정보를 제공해야 한다. 자유로운 방식으로 미팅할 수 있도록 분위기를 제공해야 한다. 새로운 가능성에 열려 있는 성향으로 경직된 분위기는 반드시 피하고 격려와 칭찬 같은 긍정적인 분위기를 조성해서 계획 수립 미팅을 진행하는 것이 좋다.

8. 내향적 직관형

미래 가능성에 초점을 둔 대화 방식을 선호하기 때문에 성장로드맵에 대한 추상적이고 관념적인 언어를 사용하여 공유해야 한다.

거시적인 관점과 미래 가능성에 집중하여 성장로드맵을 제시하는 것이 좋다. 계획 수립을 위해서는 사람들의 성장과 복지에 대한 긍정적인 영향을 줄 수 있음을 강조하는 것도 좋다. 계획 수립을 통해 성장에 대한 장기적인 비전과 미래에 초점을 두고 계획 수립을 할 때 좀 더 효과적이다.

팀 내에 8가지 유형 모두 다양하게 있을 수도 있고, 여러 유형이 섞인 사람이 있을 수도 있다. 팀원들과 일대일 면담을 통해 개인의 성향을 파악하고 그에 맞춰 로드맵을 만들어보자. 그 사람의 성향을 알고 미리 준비한다면 성공확률을 높일 수 있을 것이다. 무엇보다 팀원들이 팀장의 진심을 알고 본인 성장과 더불어 팀 성장에 적극적으로 임할 것이다.

팀원과 로드맵을 공유하고 가치를 제공하라

팀원은 혼자 성장할 수 없다. 팀장이 이끌어주고 팀원들이 함께할 때 더 크게 성장한다. 앞서 성향에 따라 개인별 성장로드맵을 수립했다면 이제 실행할 시간이다. 성장로드맵은 지도와 같다. 팀원이 나아가야 하는 길을 보여줄 수 있고 이를 통해 팀원이 성장할 수 있다는 자신감을 키워줘야 한다. 그러기 위해서는 성장로드맵을 팀원과 수시로 공유하고 어느 정도의 위치에 있는지 확인시켜줘야 한다. 또, 성장로드맵의 결과가 팀원에게 가치를 제공해 줄 수 있다는 믿음을 심어 줘야 한다.

김 대리는 처음 성장로드맵 계획을 수립할 때부터 부딪혔다. 내향적 감정 성향인 김 대리의 유형에 맞춰 잘 제안 했다고 생각했지만, 막상 김 대리가 원하고 이루고자 하는 목표는 따로 있었다. 승진을 앞두고 있던 김 대리에게 금전적인 보상에 관해 얘기하면서 목표를 세웠는데 김 대리는 그다지 좋아하지 않았다. 김 대리도 스스로 뭘 원하는지 모르고 있었기에 서로 대화를 하며 찾아갔다. 한참 얘기 끝에 찾은 것은 '아빠로서 자랑할 만한 결과물'을 원한다는 사실을 알았다. 이제 갓 돌을 지난 아이의 아빠로서 가장으로서 멋진 아빠의 모습을 보여주고 싶었던 것이다.

나는 목표를 잘게 잘라서 단계별로 올라갈 수 있도록 로드맵을 그려주었다. 각 단계를 달성할 때마다 팀원들과 함께 축하 메시지를 찍어 멋지게 편집해서 선물로 보내주었다. 김 대리는 이 영상에 감동하며 아이에게 보여주면서 즐거워했다. 김 대리에게 돈보다 더 값진 것이 이 바로 그 영상이었던 것이다. 여기서 꼭 '영상'일 필요는 없다. 자신이 노력한 결과물을 실제 눈으로 볼 수 있는 것이라면 무엇이든 괜찮다. 나는 직관적으로 볼 수 있는 영상을 택했던 것이다.

로드맵을 계획 할 때는 팀원 개인이 정말 원하는 것이 무엇이고 어떤 것에 가치를 두고 있는지 확인하는 것이 중요하다. 김 대리의 경우는 가족의 행복에 가치를 두고 있었던 것이었다.

또 다른 예도 있었다. 오 주임의 성장로드맵 최종목표는 '시니어로 승급'하는 것이었다. 시니어 승급의 조건을 확인하고 그에 맞춰 계획을 수립했다. 처음에는 오 주임이 열정적으로 임했다. 그런데 시간이 지나면서 점차 열정이 식어가는 것을 느낄 수 있었다. 이상해서 오 주임과 1:1 미팅을 진행했다. 대화하면서 그 이유를 알 수 있었다. 시니어라는 최종목표달성 기간이 최소 9개월이 소요되다 보니 너무 긴 시간에 점차 의욕이 떨어졌던 것이다.

　나는 어떻게 하면 오 주임이 지치지 않고 목표까지 달릴 수 있을까 고민했다. 단번에 시니어로 승급할 수 없기에 단계별로 목표를 잘게 쪼개어 작은 목표부터 하나씩 이룰 수 있도록 했다. 여기에 더불어 단계별 성과를 달성할 경우 팀원들의 축하 영상과 함께 오 주임이 평소 존경하던 김 차장의 응원 영상까지 함께 전달하기로 했다. 이후 오 주임의 열정이 다시 올라왔다. 매달 팀원들의 짧은 축하 영상과 함께 오 주임이 존경하는 분들의 영상도 함께 촬영해서 전달했고 결국 시니어달성을 해낼 수 있었다.

　마지막으로 팀의 막내인 이 사원의 경우를 공유해 보고자 한다. 이 사원은 팀의 선배들이 잘 따라주는 모습을 보고 자연스럽게 성장로드맵을 실행하고 있다. 가끔 중간 달성이 어려운 경우에는 주위 선배들이 응원해 주고 도와주고 있다. 앞으로 팀 내에서의 성장이 기대된다.

　로드맵은 직원 개개인의 니즈에 맞춰 만들어지지만 아무리 스스로 세운 목표라고 하더라도 중간, 중간 피드백이 없으면 지치게 된다. 매달 작은 목표를 이루면서 성취감을 느끼게 해주고, 작은 보상도 함께 주어 지속할 수 있도록 도와주어야 한다. 각 팀원이 생각하는 가치가 있을 것이다. 그 가치를 찾아서 주어라. 가치는 반드시 돈이나 승진이 아닐 수 있다. 작게 시작한 '동기'가 큰 도미노를 쓰러뜨릴 수 있다는 것을 잊지 말자.

팀원과 로드맵을 점검하고 코칭하라

"이 대리님, 로드맵 점검을 위한 미팅을 이번 주 금요일에 진행할 예정입니다. 중간성과 리뷰를 위한 결과 값을 업데이트해서 미팅에 참석해주세요."

오늘은 이 대리와 중간점검 날이다. 어디까지 목표를 달성했는지 점검하는데 이 대리의 표정이 어둡다. 이 대리는 전혀 결과 값을 업데이트하지 못한 상태로 미팅에 참석한 것이다. 나는 뭔가 잘못되었다는 것을 감지하고 이 대리와 깊이 있는 미팅을 진행하였다.

"이 대리님, 성장로드맵에 대한 이해는 정확히 하신 건지요?"라고 물었다. 이 대리는 성장로드맵 자체는 이해하였지만, 실질적으로 무엇을 업데이트해야 할지 잘 모르겠다고 답했다. 성장로드맵의 최종목표는 구체화 되어있었다. 자격 조건이 있는 시니어로 승진하거나 각종 프로젝트를 성공적으로 수행하여 프로젝트 매니저 자격증을 취득하거나, 외국어 실력을 향상시키기 위해 꾸준하게 전문학원을 1년 이상 수강하고 외국어로 프리젠테이션을 한다던지 말이다. 이 대리의 목표는 시니어승진이었다. 문제는 그 목표를 향해 가기 위해 중간 목표를 어떻게 설정해야 할지 모른다는 것이다. 1달, 혹은 1주 단위별로 작은 목표를 세우고 그 목표를 달성하면서 최종목표로 가야 하는데 이 작은 목표를 어떤 기준으로 어떻게 잘게 쪼개야 할지 방향을 잡지 못하는 경우가 많다.

시니어 승진이 목표라면 먼저 지금 내 위치를 확인하고 시니어승진까지 가기 위한 중간성과는 무엇인지 확인해야 한다. 이는 개인 업무 역량에 따라 달라지고 평가 기간도 많이 소요될 수 있다. 목표까지 기간이 길어지면 쉽게 지칠 수도 있다. 그렇기에 더더욱 직책 목표에 따른 조건을 명확히 확인해야 한다. 기간별 목표를 쪼개고, 그 목표가 기한 안에 가능한지도 자세히 살펴야 한다. 중간 평가를 통해 업무 역량에 맞지 않는 목표면 수정·보완할 수도 있다.

마지막으로 팀원의 업무 역량을 점검해야 한다. 이때 직책에 맞는 업무 역량을 구분하는 것이 좋다. 업무 기획능력이나 실행 역량, 커뮤니케이션 역량과 조직화, 팀워크 역량으로 구분하여 프로 또는 책임자로 적합한지 측정 가능하도록 세분화 시켜야 한다. 필요하다면 인사부의 평가 사항 등을 사전 확인하여 업무 역량을 세분화하고 수치화하여 팀원의 성장로드맵에 반영해야 한다. 팀장은 이를 통한 중간점검으로 코칭해야 한다.

　자격증 취득을 목표로 하는 경우 시험일정과 시험 응시 기준을 확인해야 한다. 대부분 팀장은 팀원의 자격증 취득에 도움을 줄 수 있는 부분은 응원하는 것밖에 할 수 있는 게 없다. 하지만 성장로드맵에 반영하여 관리하는 경우 팀원의 동기부여뿐만 아니라 자격증과 관련된 업무 역량에 자발적으로 집중하여 업무 성과를 높여줄 것이다. 주위 동료 중 자격증을 취득한 경험이 있는 동료가 있다면 티타임을 가지면서 정보 수집을 하자. 이를 통해 얻은 정보를 팀원에게 공유하면 더욱 열심히 할 것이다. 이런 진심이 전달되어야 한다.

　프로젝트 관리 자격증의 경우 미국 PMP 협회에 확인이 필요한데 미리 시험 자격 조건을 확인해서 필요한 경우 팀장의 추천서도 준비할 수 있다. 팀원이 미처 캐치하지 못한 정보를 알아내어 정보를 공유하며 적극적으로 지원해준다면 팀원은 더 열심히 하게 될 것이다. 일부러 만들 필요까지는 없지만, 업무에 해당 자격증과 관련된 것이 있다면 해당 팀원에게 분배해서 수행할 수 있도록 코칭할 수도 있다. 이 또한 성장로드맵의 과정 중 하나이다.

　성장로드맵은 팀원이 스스로 목표를 달성하는 것이 아니다. 팀장과 팀원이 함 팀이 되어 서로 밀어주고 끌어당기며 더 큰 시너지를 발휘한다. 팀원의 성장이 팀의 성장 자체가 되는 것이다. 진심을 다해 팀원이 성장할 수 있도록 돕는다면 팀원 또한 그 진심에 반응할 것이다. 멋진 팀은 이렇게 완성된다.

제5장
팀 성장을 위한 10가지 비밀 노트

팀을 브랜드화하라

자연스럽게 팀 성장을 이루기 위해서는 우리 팀을 브랜드화하는 것이다. 우리 팀은 무엇을 하는 팀인지, 회사 내에 위상은 어느 정도인지, 현재 하는 업무는 무엇이며 얼마나 중요한지 팀원들과 함께 공유해야 한다.

그로 인해 그 어떤 팀과 다른, 특별하고 차별화된 무엇인가가 형성되면 소속감이 높아진다. 이 소속감은 똘똘 뭉치게 하는 힘을 만들어주어 더욱 성장에 가속도를 가한다. 그렇다면 어떻게 우리 팀을 브랜딩 할 수 있을까? 아래 4단계를 따라가면 자연스럽게 브랜딩이 된다.

1단계, 팀명 정하기.
회사 내에서의 공식적인 부서명, 팀명이 있을 수 있겠지만 대부분 팀장의 역할에 따른 팀명이나 팀장 이름을 통한 팀명으로 호칭되는 경우가 많다. 팀원들의 소속감과 몰입감 그리고 결속력을 높이기 위해서는 팀 고유의 팀명이 존재하는 것이 훨씬 좋다. 이는 팀원들과 함께 만들면 더욱 효과적이다. 실제 팀명 중 시너지, 최강, 베스트, 제스트 등이 있다. 이런 식으로 우리 팀만의 팀명을 정할 수 있다.

2단계, 팀의 미션 선언문을 작성한다.

팀명을 정했다면 팀의 미션 선언문을 작성해보자. 팀의 목표가 무엇인지, 팀원들은 무엇에 집중해야 하는지, 팀이 가야 하는 방향에 대해 명시되어 있는 미션 선언서가 필요하다.

미션 선언문 작성 시 포함될 3가지

1. 팀의 업무를 통해 추구하는 목적이 무엇인가?

2. 팀의 업무 수행 시 가장 중요하게 여기는 가치는 무엇인가?

3. 팀의 임무 설정 시 가장 중요하게 고려해야 하는 대상은 누구인가?

금융서비스와 상품을 판매하는 팀이라면 3가지 질문에 이렇게 답할 수 있다.

① 팀의 목적 : 최상의 금융 서비스와 상품을 판매할 수 있도록 영업 지원하는 일등 팀이 되는 것

② 팀의 가치 : 우리는 다양한 전문지식을 활용하여 영업사원의 욕구와 목표를 파악하고 영업사원이 목표를 달성할 수 있도록 함께 고민하고 노력한다.

③ 팀 미션 설정 시 고려 대상 : 우리팀 소속원들 모두의 개인적 성장과 강점을 도모하고 최고를 추구한다.

이 3가지를 담아 이런 식으로 미션 선언문을 작성할 수 있다.

"최상의 금융 서비스와 상품을 판매할 수 있도록 영업 지원하는 일등 팀으로서 소속원들 모두의 개인적 성장과 강점을 도모하고 최고를 추구하며, 다양한 전문지식을 활용하여 영업사원의 욕구와 목표를 파악하고 영업사원이 목표를 달성할 수 있도록 함께 고민하고 노력한다."

3단계, 비전 선언문을 작성한다.

미션이란 팀의 큰 목표를 말한다. 이 미션에 따라 비전, 즉 세부적인 목표를 설정하는 것이다. 큰 목표의 중간 목표라고 보면 된다. 미션만으로는 세부적인 계획이 나오지 않기 때문에 좀 더 구체화시키기 위한 과정이다.

비전 선언문을 만들 때는 팀원들의 성장과 사명을 구체적으로 명시화되어 있어야 한다. 팀원 개개인이 1년, 3년, 5년~10년 단위로 그들의 모습을 구체적으로 명시해야 하고 명확한 시기를 설정해 놓아야 한다. 비전 선언문을 통해 팀원들의 삶의 원동력이 되어 주고 때론 지치고 힘들

어하는 팀원들에게 다시 동기부여를 할 수 있는 든든한 버팀목이 되어
준다.

비전 선언문 작성 시 포함될 3가지

첫째, 목표를 향한 열정을 끌어낼 수 있어야 한다.

둘째, 도전적이고 달성 가능성이 있는 현실적인 수준으로 설정해야 한
다.

셋째, 나아가야 할 구체적인 방향을 적시하고 있어야 하며 강한 간결함
이 있어야 한다.

아래는 우리 팀원 중 한 명의 비전 선언문이다.

나는 1년 이내 프로젝트 핵심 멤버가 된다. (2024. 04)

나는 3년 이내 대리로 승진한다. (2027. 04)

나는 5년 이내 프로젝트 관리자 자격을 취득한다. (2029. 04)

나는 10년 이내 프로젝트 책임자가 된다. (2033. 04)

이를 이루기 위해서 나는 다음 세 가지를 약속한다.

첫째, 팀에서 가장 뛰어나고 최고가 될 수 있도록 노력한다.

둘째, 팀 내 선후배와 긍정적으로 협업하고 배워나가는 자세로 임한다.

셋째, 목표를 이루기 위해 출근해서 목표를 확인하고 다짐하며 하루를
시작한다.

4단계, 팀의 로고를 만든다

팀을 하나의 브랜드로 소개하고 각인시키기 위해서는 팀의 로고를 만들어야 한다. 팀의 로고는 팀 미팅 시나 팀이 대외적으로 소개되어야 할 때 좀 더 다른 팀이나 고객들이 팀을 인식할 수 있도록 만들어주면 좋다.

'이게 바로 우리 팀이다!'라고 보여줄 수 있는 것, 자랑스럽게 내밀 수 있는 것이면 더욱 좋다. 한 팀이라는 것을 자랑스럽게 여길 수 있도록 우리 팀을 브랜딩하자. 그리하여 팀원들이 스스로 즐겁게 일할 수 있도록 환경조성을 하자.

사람마다 성향이 다르다는 것을 인지하라

모든 사람은 기본적으로 성향이 모두 다르며 자신만의 고유한 성향을 가지고 있다. 이 성향을 인정하고 팀 성장에 활용해보자. 간혹 팀원 중 회사나 조직 생활 시 자신이 바라는 이상적인 성향으로 생활하는 경우도 있다. 원래 자신의 성격과 다른 성향으로 가면을 쓰는 것이다. 실제로는 내향적이지만 사회생활을 하면서 자연스럽게 습득된 것도 있다.

팀장은 이러한 팀원들의 성향을 잘 파악하여 심리적으로 편안하게 안정감을 줄 수 있도록 해야 한다.

성향 얘기를 하면 누군가는 "에이, 무슨 그런 심리학 같은 거로 팀 운영을 해요?"라고 말하는 사람이 있다. 단순한 심리학이 아니다. 모든 사람은 성향이 다 다르다. 그 성향에 따라 업무 스타일이 달라진다. 팀은 하나의 목표를 향해 똘똘 뭉쳐 함께 나아갈 때 시너지효과를 발휘한다. 이 효과를 최대한으로 높이려면 성향에 따른 특성을 잘 파악하고 그에 맞춰 소통하는 게 필요하다. 간혹 업무 중 생기는 갈등도 성향을 미리 파악해서 면담하면 훨씬 편안하게 해결할 수 있다.

'아, 이런 성향은 이런 식으로 접근하면 좋겠구나.'하고 참고 정도로 생각하고 살펴보자.

첫 번째, 외향형과 내향형

외향형은 바깥에 나가 뛰어다녀야 활력을 얻는다. 행동 지향적이고 때로는 충동적으로 사람들을 만나며, 솔직하고 사교성이 많다. 말하기를 좋아하고 말을 할수록 에너지를 얻는다.

외향형의 팀원과의 미팅이나 면담 시 잘 들어주는 행동을 취하는 것이 좋다. 내가 당신의 말에 집중하고 있다는 것을 행동으로 보여주는 것이다. 듣는 둥 마는 둥 하면 굉장히 불쾌하게 생각한다.

내향형은 바깥에 나가 사람들을 만나고 뛰어다니는 것보다 혼자 앉아 생각에 잠기는 것으로 더 편안하게 여기며 에너지를 얻는다. 말수가 적은 대신 생각이 깊고 말을 많이 하면 피곤해한다.

내향형의 팀원을 대할 시에는 대답을 빨리 강요하게 되면 스트레스를 느낄 수 있다. 미팅이나 면담 후 팀원의 생각을 정리하여 메일로 발송 요청해 보는 것이 좋다.

두 번째, 감각형과 직관형

감각형은 현재 일어나고 있는 일에 더 집중하고 의식하기 때문에 자기가 직접 경험하고 있는 일을 중시하며 현실적이고 관찰능력이 뛰어나다. 세세한 것까지 기억을 잘하며 구체적이다. 순서에 따라서 차근차근 업무를 수행하는 성실 근면 형이다.

감각형의 팀원과의 업무 지시를 할 경우에는 구체적인 사실 위주로 지시해야 한다. 특히 새로운 일이나 복잡한 업무는 전체적인 계획부터 방법까지 세세하게 설명하는 것이 좋다.

직관형은 구체적 사실보다는 전체를 파악하고 본질적인 패턴을 이해하려고 한다. 새로운 가능성을 추구해 나가며 현재에 안주하기보다 미래의 성취와 변화, 다양성을 즐긴다. 상상력이 풍부하고, 이론적이고, 추상적이고, 미래지향적이며 창조적이다.

이 유형의 팀원은 새로운 일, 또는 복잡한 일에 수용성이 높은 편이다. 다만 세세한 부분에 대해 살펴보고 코칭할 필요가 있다.

세 번째, 사고형과 감정형

여기서 말하는 사고형은 생각을 많이 한다는 의미가 아니라 판단할 때의 기준(객관성과 원리원칙)을 뜻하며, 감정형은 정서가 아닌 판단 기준(사람과 관계를 중시하는 판단)을 나타낸다.

사고형은 인정에 얽매이기보다 원칙에 입각하여 판단하며, 정의와 공정성, 무엇이 옳고 그른가에 따라 판단한다. 인정, 사정에 이끌리지 않고, 일관성, 타당성을 중시한다.

이 유형의 팀원과의 미팅 시 다소 차갑고 냉정하게 보일 경우가 많은데 이는 팀장이나 팀장과의 미팅이 싫어서가 아니라 생각이 많아서이니 거리를 둘 필요가 없다. 또한, 미팅 시 객관적 기준으로 자료를 바탕으로 미팅을 진행하는 것이 좋다.

사고형이 객관적이라면 감정형은 주관적이라고 볼 수 있다. 논리, 분석보다는 자기 자신이나 타인에게 어떤 영향을 줄 것인가 하는 점을 더 중시한다.

이 유형의 팀원과 미팅 또는 면담 시 원리원칙도 중요하지만, 사람의 마음을 다치지 않게 하는데 더 신경을 써서 진행하도록 하자.

마지막 네 번째, 판단형과 인식형

여기서 '판단'이라는 말은 판단력을 뜻하는 것이 아니며 또한 무엇을 평가할 때 쓰는 말이 아니라 외부 세계에 대해 구조화된, 또는 조직화된 접근을 말한다. 쉽게 말해 외부 세계에 대한 태도 및 외부 세계에 적응해 나가는 것으로 직장 내에 적응해 나가는 태도와 방식을 말한다.

판단형은 의사를 결정하고, 종결을 짓고, 활동을 계획하고 어떤 일이든 조직적 체계적으로 진행시키기를 좋아한다. 판단형은 계획을 짜서 일을 추진하고, 미리미리 준비하는 편이며, 그것도 정한 시간 내에 마무리해야 직성이 풀린다. 어울리는 단어로는 '체계적, 조직적, 추진적'이 있다.

이 유형의 팀원은 업무 시 빈틈없고, 단호하고 목적의식이 뚜렷해 보이지만 노는 것도 일처럼 하는 성향이 있기 때문에 팀 워크숍 진행 시 오해하지 않길 바란다.

인식형은 들어오는 정보 그 자체를 받아들이기를 즐긴다. 삶을 통제하고 조절하기보다 상황에 맞추어 잘 적응하며 이해하려는 편이다. 지각적 태도가 개발되어 있으며 호기심이 많고 흥미가 많다.

이 유형의 팀원의 경우 새로운 업무나 변화를 추구하는 것에 갈등의 문제가 없다. 다만 일하는 것도 노는 것처럼 여유가 있어 오해하는 경우가 종종 있다.

이처럼 사람마다 성향이 다르다. 팀원의 다양한 성향을 사전에 잘 파악하고 동일한 상황일지라도 팀원의 성향에 맞게 응대하고 관리하면 좀 더 멋진 팀장이 될 것이다.

지금 우리 팀원의 성향은 어떠한가? 무엇을 좋아하고, 즐겨하는가? 한명, 한명에게 관심을 갖고 관찰해보자. 어떻게 접근해야할지 보일 것이다.

팀원 간의 관계도를 파악하라

이제 막 팀장으로 부임했다면 가장 먼저 해야 할 일은 팀의 분위기를 파악하는 것이다. 경직되고 딱딱한 분위기인지, 자유롭고 활기찬 분위기인지, 소심하고 위축되어있는지, 적극적인지 분위기를 먼저 파악한다.

그런 다음, 팀원들 간 누구랑 누가 친밀도가 높은지 팀원 간의 관계도를 기반으로 확인해보자. 대부분 팀원 내에 친한 사람 한, 둘씩은 있다. 미리 파악해놓으면 팀을 관리할 때 편리하다.

팀의 관계도를 파악하는 기본적인 방법으로 1:1 면담을 통해 진행하는 방법이 있다. 처음 부임하면 팀원들을 파악하기 위해 1:1 미팅을 하게 되는데 이때 가장 친밀한 사이의 동료와 중간 정도의 친밀도, 가장 어려운 관계의 팀원으로 구분하여 정보를 수집하자. 관계를 알면 팀의 분위기가 왜 이렇게 흘러가는지에 대해 알 수 있고, 팀의 이슈나 이벤트가 발생했을 때도 관계도를 알면 빠르게 해결할 수 있다. 면담 때 파악하지 못하면 팀원 모두에게 설문지를 작성하게 해서 조사하는 방법도 있다.

이 대리가 요즘 표정이 좋지 않고 식사도 잘 못 하는 것 같아 내심 걱정이 된다. 이 대리를 불러 바로 물어보기에는 부담스러워할 것 같다. 아직까지는 현 업무와 직접적인 영향은 없지만, 조만간 업무에 지장을 줄 것 같기도 하고 불안한 심정이 든다. 신임 팀장은 괜히 이 대리만 보면 신경이 쓰여 마음이 불안해진다.

이럴 때 관계도가 필요하다. 자! 미리 조사했던 이 대리의 관계도를 펼쳐보자. 확인해보니 김 대리와 가장 친밀도가 높다. 이 경우 이 대리가 아닌, 김 대리를 잠시 불러 티타임을 가져볼 수 있다. 커피를 마시면서 슬쩍 이대리의 현재 고민거리를 확인해보는 것이다. 이때 주의해야할 것은 '이대리의 뒷담화'를 하는 것이 아니라는 것을 제대로 밝힐 필요가 있다. 자칫하다가는 이 대리도 모르는 상황에서 김 대리와 자신의 이야기를 하는 게 불쾌할 수 있다. 김 대리의 입장도 난처해질 수 있다. 그렇기에 먼저 "이 대리가 요즘 힘들어하는 것 같은데 먼저 묻기에도 그렇고 해서 김 대리가 친하니 물어보는 거예요. 혹시 이 대리 요즘 힘든 일 있어요? 제가 도울 수 있는 일이면 돕고 싶어서요."라고 설명해주어야 한다. 그러면 김 대리도 편안하게 이 대리의 상황을 말해줄 수 있을 것이다.

고민거리의 강도에 따라 팀장의 대응이 달라진다. 해결해줄 수 없는 사적인 일이라면 긍정적인 마음가짐을 가질 수 있도록 간접적으로 응원해

줄 수 있다. 만약 업무와 연관성 있는 팀 내 갈등, 승진보류, 수용할 수 없는 인사평가 결과, 이직 고민 등이 문제라면 팀장의 관점에서 이 대리에게 일대일 면담을 요청하면 된다. 이때 김 대리와의 관계를 위해 미팅 사유를 먼저 밝히지 않아야 한다. "이 대리님, 요즘 조금 힘들어 보이는데, 혹시 무슨 일 있어요? 함께 팀으로 일하다 보니 걱정이 되어서 물어보는 거예요. 제가 도울 수 있는 일이면 좋겠어요. 고민이나 걱정거리가 있어요?"라고 마음을 열고 다가가면 의외로 쉽게 풀릴 수 있다.

이 대리의 이야기를 충분히 들어주고, 해결해 줄 수 있는 부분이라면 바로 해결해주자. 이미 정해진 결과에 대한 고민이라면 다음 기회를 위해 함께 성장하려는 방법을 찾고 논의해야 한다.

관계도 파악이 중요한 또 다른 이유는 팀의 균형을 위해서다. 자신이 친한 사람과만 교류하려고 하고, 조금 덜 친한 사람은 배척한다면 팀이 성장하는 데 문제가 될 수 있다. 친하게 지내는 건 좋지만 팀 안에서 편이 갈리거나 문제가 생기지 않도록 균형을 잡아줄 필요가 있다.

사람들은 자신들이 가지고 있는 신념과 태도 간에 일관성이나 조화를 유지함으로써 심리적으로 편안한 느낌을 가지고 싶어 한다. 따라서 팀원들 간의 불균형이 발생할 경우, 균형을 회복하기 위해 기존의 태도나 신념을 변화시켜 심리적 편안함을 가지고자 한다.

A주임은 팀장에게 반감을 갖고 있다. 이유는 알 수 없다. 팀장이 의견을 내면 사사건건 반대 관점을 내보이며 반대한다. 팀장도 이런 A 주임

의 태도를 충분히 인지하고 있다. 그냥 둘 것인가, 주임과 대화하면서 풀 것인가 고민하고 있다고 하자. 만약 그냥 두게 되면 A 주임의 이러한 신념과 태도가 제일 친밀도가 높은 B 주임에게도 전이될 수 있다.

이런 경우 A 주임의 불편함을 인지했을 때 정공법이 아닌 우회적으로 문제를 해결하고 개선할 수 있다. A 주임의 관계도를 확인해서 친밀도가 가장 높은 B 주임을 공략하는 것이다. B 주임에게 업무에 대한 긍정적 부분들을 공유하고 팀장의 가치관과 업무 경험에 대한 부분을 긍정적으로 어필하는 것이다. B 주임과 친밀도를 쌓으면 자연스럽게 A 주임에게도 전달되어 좋은 영향을 줄 수 있게 된다.

팀은 관계로 이루어져 있다. 이 관계가 균형을 유지하며 잘 돌아갈 수 있게 하기 위해서는 관계도 파악은 필수다.

기업 사명, SWOT 분석하라

회사가 있어야 팀이 있다. 팀이 올바르게 가기 위해서는 기업 사명을 숙지하고 있어야 한다.

기업 사명이란 '기업에 대한 강점. 약점을 파악하고 주어진 기회가 무엇인지에 대한 사업적인 판단을 함으로써 기업목표를 설정하여 기술해 놓은 것'이다. 팀장은 항상 회사에 대한 근본적인 질문을 제기해야 하고 기업 사명을 통해 명확하게 반영하고 있는지를 검토해야 한다. 또한, 팀장은 기업 사명을 숙지하고 회사의 로열티를 위해 팀에 전파해야 한다.

보통 기업 사명은 이미 정해져 있는 것이기 때문에 수정할 수 없다. 하지만 바람직한 기업사 명의 특징을 알고 있으면 SWOT 분석 시 도움이 된다.

첫째, 명확한 가치를 제공해야 한다.

팀장은 기업사명의 명확한 가치를 팀원들과 공유하기 위해 팀원들의 업무들이 전체적으로 기업목표와 조화되도록 해야 한다.

둘째, 기업이 활동할 사업영역을 명시해야 한다.

팀 내 각 파트의 업무 범위가 기업 사명에 명시된 사업영역의 한 부분임을 공유해야 하며 이를 통해 팀의 성장이 기업의 성장임을 강조해야 한다.

셋째, 임직원들의 동기를 유발하는 것이어야 한다.

팀원의 업무가 의미 있고, 고객들의 삶에 공헌하는 것으로 자부심을 느끼게 할 필요가 있다. 단지 회사의 이익만을 추구하는 것이 아니라 함께 성장하는 것임을 인식시켜주어야 한다. 그리하여 스스로 동기 유발할 수 있어야 한다.

넷째, 장래 비전을 제공해야 한다.

회사의 비전에 맞춰 팀이 나아가야 할 방향을 제시하고, 이를 개인의 비전과도 맞추어 서로 윈윈할 수 있게 한다.

위 네 가지 특성이 담긴 기업 사명에 맞춰 우리 팀을 SWOT 분석해보자. SWOT 분석이란 팀의 내부 요인의 강점과 약점을 찾고, 외부 요인의 기회와 위기를 찾아 내부 요인 두 가지와 외부 요인 두 가지를 연결하여 총 네 가지 전략을 세울 수 있다.

S는 Strength의 약자로 내부 요인에 의한 강점을 말하고, W(Weaknesses)는 내부 원인에 의한 약점, O(Opportunity)는 외부 요인

에 의한 기회, T(Threat)는 외부 원인에 의한 위기를 말한다. 아래처럼 SWOT분석할 수 있다.

팀 SWOT 분석

S(강점)

- 팀원 간 관계성(동료애)

- 문제 해결 능력

- 오랫동안 숙련된 전문적인 업무 역량

W(약점)

- 팀 내 경쟁의식 치열

- 문제 기피 현상

- 새로운 업무에 대한 수용성이 낮음

O(기회)

- 신규 금융상품 출시 확대

- 신입사원 배정

- 신규 플랫폼 출시

T(위협)

- 경쟁사의 새로운 금융상품 출시

- 금리 인상에 따른 상품 경쟁력 약화

- 경쟁사와의 상품 경쟁 심화

분석한 SWOT으로 전략을 세워보자. 전략은 SO 전략 (강점을 살려 기회를 잡는 전략). ST 전략 (강점을 살려 위기를 극복하는 전략). WO 전략 (약점을 보완하여 기회를 잡는 전략). WT 전략 (약점을 보완하여 위기를 돌파하는 전략) 4가지로 분류할 수 있다. 아래를 함께보자.

팀 SWOT 분석

S(강점)

- 팀원 간 관계성(동료애)

- 문제 해결 능력

- 오랫동안 숙련된 전문적인 업무 역량

W(약점)

- 팀 내 경쟁의식 치열

- 문제 기피 현상

- 새로운 업무에 대한 수용성이 낮음

O(기회)

- 신규 금융상품 출시 확대

- 신입사원 배정

- 신규 플랫폼 출시

T(위협)

- 경쟁사의 새로운 금융상품 출시

- 금리 인상에 따른 상품 경쟁력 약화

- 경쟁사와의 상품 경쟁 심화

1. SO 전략: 강점을 살려 기회를 잡는 전략.

 - 오랫동안 숙련된 전문적인 지식과 업무 역량을 기반으로 신규 금융 상품의 신속한 숙지와 판매 활성화를 위한 마케팅 기획 및 실행

 - 팀원 간 관계성이 좋기에 신입사원 배정 시 협력하여 신입 팀원에게 전문적인 업무 역량을 전수할 수 있음

 - 전문적인 지식과 업무 역량으로 신규 출시된 플랫폼의 IT 문제점 발 생에도 신속하게 해결할 수 있음

2. ST 전략: 강점을 살려 위기를 극복하는 전략.

- 오랫동안 숙련된 전문적인 업무 역량으로 경쟁사의 상품 분석 및 약점을 찾아낼 수 있음

- 전문적인 업무 역량으로 금리 인상에 따른 당사 상품 경쟁력을 분석하고 강점을 찾아내어 마케팅할 수 있음

3. WO 전략: 약점을 보완·활용하여 기회를 잡는 전략.

- 신규 금융상품의 출시 시 팀 내 경쟁의식이 치열함을 활용하여 판매 활성화를 위한 마케팅 방안 순위를 선착순으로 평가하여 보상함

- 새로운 업무나 문제 발생 시 신입사원에게 잘 정리하게 하고 새로운 업무의 방향성과 문제 해결 방안을 공개적으로 공유하고 팀원들의 의견을 들어 해결함

4. WT 전략: 약점을 보완·활용하여 위기를 돌파하는 전략

- 팀 내 경쟁의식이 치열함을 활용하여 경쟁사의 새로운 금융상품의 약점을 선착순으로 분석할 수 있음

이렇게 회사의 기업 사명과 팀을 SWOT 분석하면 부족한 부분을 보완하고, 강점을 더 살려 문제 해결 전략을 세울 수 있다. 당연히 팀 성장은 자연스레 이루어진다.

팀원과의 공통점을 찾고 기억하라

어떻게 하면 팀원들과 공감대를 잘 형성해서 즐거운 분위기를 만들 수 있을까? 공감대 형성하기 좋은 점은 '공통점' 찾기다. 같은 관심사를 가지고 있으면 자연스레 대화할 수 있고, 같은 부류라는 생각에 친밀감이 생긴다.

공통점을 찾기 위해서 먼저 팀원의 행동을 하나, 하나 살펴봐야 한다. 관찰하면 생각보다 많은 정보를 얻을 수 있다. 무엇을 좋아하고 싫어하는지, 어떤 것에 관심이 있는지 알고 대화의 소재 거리를 찾을 수 있다. 꼭 회사업무 관련 일이 아니더라도 개인적인 소소한 일에서도 공통점을 찾을 수 있다.

공통점을 찾는 방법은 다양하지만 크게 두 가지로 분류할 수 있다. 현재까지 살아온 경험적인 과정에서 찾는 법과 인생의 가치관이나 상황에 따른 감정에서 찾을 수 있다.

먼저 현재까지 살아온 인생 경험에서 공통점을 찾아보도록 하자. 고향과 현재 살고 있는 지역에서 공통점을 찾을 수 있다. 또는 초등학교, 중학교, 고등학교, 대학교 등 다녔던 학교로도 공통점을 찾을 수 있다. 군대를 통해서도 공통점을 찾을 수 있다. 특히 군대의 경우 좀 더 관계 형성에 도움을 줄 수 있다. 특정 군대를 제대했거나 사관학교를 졸업한 경우에 함께 하지 않았어도 왠지 모를 끈끈한 전우애를 가질 수 있다. 심지어는 군 생활 중 직급에 따라서도 공통점을 찾아 공감할 수 있다. ROTC, 하사관, 장교, 육사 출신 등 다양하다.

팀원의 경우 전 직사를 통해서도 공통점을 찾는 경우가 있다. 전 직장이 경쟁사였다거나 같은 직장을 다니다가 이직을 했다거나 이전 직장에서 인연이 있었던 상황에 해당한다. 또한, 배우자의 고향과 학교로도 공통점을 찾을 수 있고, 필요하다면 자녀의 나이와 성별로도 공통점을 찾을 수 있다.

여기까지 따라왔을 때 혹시 느꼈는가? 맞다. 공통점은 '찾으면' 되는 것이다. 없으면 '만들면' 된다. 어떻게든 끼워 맞추면 다 공통점이 된다. 그러니 '저 팀원과는 공통점이 없어서 무슨 말을 해야 할지 모르겠어.'라고 생각할 것이 아니라 무엇이든 찾아보자. 찾다 보면 찾아진다. 못 찾는 것이 신기할 정도이다.

두 번째, 가치관과 상황에 따른 감정 등으로 공통점을 찾아보자.

인생의 가치관, 혹은 업무를 대하는 태도에서의 공통점도 공감을 불러일으킨다. "맞아 맞아. 나도 그렇게 일하는데."라며 맞장구를 치게 된다. A 먼저하고 B는 나중에 한다거나 A, B 동시에 한다거나 업무 스타일이 비슷하면 왠지 모르게 친밀감이 느껴진다. 스타일이 비슷하다는 것이 동질감을 느끼게 해서 끈끈해진다.

어떠한 상황이나 사건들을 접할 때도 동일한 감정을 느끼게 되는 경우 공통점을 찾을 수 있다. "맞아. 나도 아까 그런 감정 느꼈는데. 너도?"라며 유대감을 갖게 되는 것이다.

위의 2가지 모두 팀원과 친밀도를 높이고 신뢰를 높여 팀 단합력을 높이고 나아가 팀 성장에 도움이 되기 위함이다. 공통점을 찾는다는 것은 그 사람과 친해지고 싶다는 방증이다. 다만 직접적으로 물어볼 수는 없다. "어디 살아요?", "어느 학교 나왔어요?", "부모님은 어디에서 지내세요?", "가치관이 어떻게 되세요?"라고 물어보면 왠지 모르게 취조당하는 느낌과 함께 팀장을 이상하게 바라볼 것이다. 자연스럽게 하자. 스며들 듯이 함께 소통하고 부딪히면서 자연스럽게 정보를 얻는 것이다.

여기서 주의할 점은 공통점을 찾고 끝내서는 안 된다는 것이다. "와 진짜 비슷하다!"라고 끝이 아니라 찾은 공통점을 인사자료와 팀 관리 자료에 기재해서 활용해야 한다. 혹시라도 팀원과의 갈등이나 고충 등이 접수되면 이 정보들을 활용해서 해결할 수 있다.

마지막으로 공통점만 찾았다고 해서 무조건 팀원과 유대관계 등이 형성되는 것은 아니다. 과거 팀원이 부정적인 경험과 기억이 있는 경우는 오히려 공통점은 역효과가 날 수 있다. '나 별로 안 좋은 기억인데 그게 같다고?'라며 거부감이 들 수 있다. 이런 경우 기억이 무엇인지를 확인할 필요가 있다.

　또한, 공통점을 찾았다고 해서 밀접한 관계가 형성되었다는 뜻은 아니라는 것을 기억하자. 관계 형성을 할 수 있는 하나의 '거리'를 찾은 것뿐이다. 장기적인 안목으로 꾸준한 노력과 관계 형성을 해나갈 수 있도록 하는 게 무엇보다 중요하다.

팀원의 강점과 가능성에 집중하라

이제 갓 팀장을 단 신임팀장의 경우 각 팀원의 업무 역량에 대해 매우 궁금할 것이다. 무엇을 잘하고 못하는지 명확히 알아야 업무 분배를 할 때 효율적으로 할 수 있기 때문이다.

팀장이라면 팀원들이 성장할 수 있도록 지속적으로 강점을 찾아 발굴해서 가능성에 집중해야 한다. 분명 숨은 보석들이 하나쯤은 있다. 아직 발견하지 못한 것뿐이다. 그걸 찾아내는 것이 찐 팀장의 능력이다.

그렇다면 어떻게 해야 팀원들의 강점을 찾을 수 있을까? 다음 3가지 프로세스로 진행해보자.

1. 팀원의 지난 업무 결과에 대해 자료를 수집한다.

과거 팀원이 행한 업적들에 대한 자료를 수집하여 분석해보자. 업무 범위를 확인하고, 팀의 성과에 어느 정도 기여를 했는지 분석해야 한다. 업무를 하면서 어느 부서와 주로 협업을 했는지, 협업 시 불평이나 마찰은 없었는지, 있었다고 하면 어떻게 했는지도 확인해야 한다.

이를 통해 팀원의 기획역량과 업무 범위, 커뮤니케이션 역량, 문제 해결 역량 등을 파악할 수 있다. 이렇게 먼저 자료를 수집하여 팀원을 객관적으로 평가하자.

2. 팀원이 업무를 통해 보람을 느끼는 것이 어떤 것들이 있는지 확인한다.

업무를 하다 보면 보람을 느끼기도 하고, 성취감을 맛보기도 한다. 각자 성취감을 느끼는 부분은 모두 다르다. 업무 협력자들과 관계 형성에 집중하여 보람을 느낀 팀원도 있을 것이고, 업무 성과에 기여한 부분에 대해서 보람을 느낄 수 있을 것이다. 때론 개인의 성장에 더 집중하여 보람을 느끼는 경우도 있으며 업무 진행 중 다양한 경험과 Data를 수집한 것에 대한 보람을 느끼는 팀원도 있을 것이다.

어느 부분에서 보람과 성취를 느꼈는지 확인을 하면 팀원이 무엇을 좋아하고 잘하는지 보인다. 같은 일을 해도 모두 다르게 느끼기에 이 부분 파악이 중요하다.

3. 팀원이 회사생활에서 최고의 목표는 무엇인지 성장로드맵과 함께 확인한다.

이미 팀원의 성장로드맵을 함께 작성해 놓은 상태이면 성장로드맵을 활용하여 팀원이 최고의 목표로 설정한 것이 무엇인지를 확인해보자. 성장로드맵이 없다면 이 책의 성장로드맵 작성을 참고하여 완성하는 것을 추천한다. 팀원이 회사생활을 통해 목표를 달성하는 과정을 지원할 때 팀원과의 돈독한 관계를 형성할 수 있으며 이때 팀원의 강점이 무엇인지를 확인하게 된다.

팀원의 강점을 찾는 것만으로 팀원을 성장시키기에는 부족하다. 경우에 따라서 팀원이 맡은 업무를 통해 강점을 잘 발휘할 수 있도록 지원하고 관찰 및 코칭 해야 한다. 때론 강점을 더 성장시키기 위해 업무 조정이 필요 하다고 판단되면 그렇게 조정하는 것도 좋다. 팀원들 간 강점을 더 발휘할 수 있는 업무들로 구분하여 조정하는 것도 강점 살리기에 좋은 예이다.

하지만 그동안 담당해오던 모든 업무를 일시에 모두 조정하는 것은 오히려 업무에 혼선을 줄 수 있고 업무 누락이 발생할 수 있기 때문에 업무 조정에 대해서는 업무 절차 및 유관부서 등 세부적인 검토를 한 후에 진행하는 것이 좋다.

조선의 세종대왕은 단점보다 강점을 살려 중용하는 현명한 리더로 알려져있다. 세종대왕은 황희를 고용하여 한글창제를 진행했다. 황희는 글

씨체를 미려하게 쓰는 것이 강점이었지만 관찰력이 부족하다는 단점이 있었다. 세종대왕은 황희에게 "오늘 오는 길에 어떤 나무를 보았는가?"라는 질문을 하면서 황희의 관찰력을 살폈다.

이처럼 세종대왕은 황희의 강점뿐만 아니라 단점을 보완하도록 유도함으로서 역량을 강화시켜주려 노력했다.

D팀원은 업무에 대한 전문성과 문제해결능력이 뛰어나지만 대화할 때 타인의 의견에 귀를 기울이지 않는 경향이 있었다. 팀장은 D에게 다른 직원들의 의견을 수용하고 구체적인 피드백을 주도록 유도했다. 직원들의 의견에서 문제해결을 할 수 있도록 강점을 더 살려준 것이다. 이를 통해 D는 다른 직원들의 이야기에도 귀를 기울이게 되었고, 의견을 존중하고 받아들이는 태도도 함께 갖출 수 있었다.

조직을 성장시키기 위해서는 문제가 있으면 해결한다는 접근법 보다는 강점을 개발해서 더 크게 발전시키는 것으로 다가가자. 물론 문제해결 접근법이 잘못된 방법은 아니다. 강점을 살리라고 해서 무조건 강점만 보고 단점은 '괜찮다'는 태도를 취하라는 것도 아니다.

팀원은 누구나 강점과 단점이 있다. 단점보다는 강점에 집중해서 극대화시키면서 단점을 '관리'하는 것이다. 팀원들의 강점을 살려 성과를 창출하기도 바쁜데 단점에 집중하다보면 더뎌질 수밖에 없다. 그들의 숨은 재능을 찾아내어 끌어내자.

팀원과의 합리적 목표를 설정하라

팀원이 잘 성장하기 위해서는 목표 설정이 중요하다. 실행할 수 있는 합리적인 목표를 설정하는 것이 중요하다. 목표치가 너무 높아서 시작도 하기 전에 지치거나, 너무 낮아서 보람이 느껴지지 않는다면 좋은 목표가 아니다. 목표를 향해 가는 과정도 즐겁고 달성했을 때 즐거움을 느낄 수 있으려면 팀원과 함께 적절하고 합리적인 목표를 세우는 것이다.

목표 설정 방법으로 유명한 SMART 5가지 원칙이 있다. 이 원칙을 적용해서 팀원들의 목표를 설정해보자.

1) 목표는 구체적이어야 한다(Specific)

합리적인 목표 설정을 하기 위해 목표는 구체적으로 표현되어야 한다.

'과거 대비하여 신규거래처 발굴 및 확보', '신계약의 매출실적 확대'는 구체적이지 않다. 이를 좀 더 구체화하면 '올 한 해 신계약 매출 120억, 신규거래처 36업체 확보'로 나타낼 수 있다. 이렇게 언제까지, 얼마만큼을 달성할것인지 구체적으로 나타내야 한다.

2) 목표는 측정 가능해야 한다. (Measurable)

목표를 정하고 실행도 했고, 결과도 얻었다. 그런데 목표가 애매모호해서 결과 값을 정확히 측정할 수 없다면 이는 잘못된 목표라고 볼 수 있다. 설정된 측정 목표가 수치가 되어있지 않아 측정할 수 없다면 공정한 평가와 보상을 기대할 수 없다. 또한, 팀원과 중간성과 미팅 진행 시 목표 중 어느 정도 성과가 이뤄졌는지 확인하는 것이 쉽지 않다.

측정 가능하도록 수치화하자. 예를 들어 한해 신계약 매출 목표가 120억이면 월별로 '매월 10억이 목표'가 된다. 신규거래처 또한 한해 36개 업체를 늘리는 것이 목표라면 '매월 3곳의 신규거래처가 확보'로 정해서 매달 결과 값을 얻도록 해야 한다.

3) 목표는 달성 가능해야 한다. (Achievable)

목표는 '꿈'이 아니다. 무조건 설정되어야 한다. 그러려면 달성 가능한 수준의 목표를 세워야 하고 이는 과거 결과 값을 참고하면 쉽게 찾을 수 있다.

전년도 신계약 매출이 100억 이었다면 이번 한해 신계약 목표를 120% 성장한 수치를 적용할 수 있다. 그동안 늘 120%를 높여 세웠고 모두 달성했다면 조금 더 높이 올려보는 것도 좋다.

4) 목표는 현실적이어야 한다. (Realistic)

현실적인 목표 설정을 해야 한다. 팀원의 업무 역량을 확인해서 작성되어야 하며, 지식과 업무 스킬 수준 등을 고려하고 시장 환경 요인들도 종합적으로 고려하여 현실적인 목표를 설정해야 한다. 너무 비현실적인 목표는 실행의욕을 꺾을 수 있다.

5) 목표는 완료 기한이 있게끔 설정되어야 한다. (Time bounded)

효과적인 목표는 달성 완료 기한을 제시해야 한다. 업무 성격에 맞게 성과관리 주기가 형성되어 있는 경우도 있지만, 목표 설정에 따른 완료 기한은 반드시 필요하다.

사람은 목표가 정해지면 그 목표를 달성하기 위한 활동계획을 세우는 것으로 모든 정보를 인식하게 된다. 그렇기에 합리적인 목표를 세우는 것이 그 무엇보다 중요하다. 개인목표와 팀의 목표를 함께 설정하고 그 목표가 같은 곳을 바라본다면 시너지효과는 더욱 크게 난다. 무엇보다 중요한 것은 합리적인 목표 설정을 위해서는 팀장과 팀원 모두의 동의가 우선되어야 한다.

성장로드맵 목표달성을 위한 중간점검을 해라

성장로드맵은 팀원 성장에 꼭 필요한 필수 코스다. 이 부분에 대해서는 앞장에서 자세하게 기술했다. 성장로드맵은 팀원이 앞으로 나아가야 할 길을 제시해 주고 성장을 지원하는 로드맵이다. 팀원 개인별 성향에 맞춰 작성되기 때문에 로드맵 설정만 잘해도 팀 성장은 물론 개인 성장에도 큰 도움이 된다.

처음 김 대리의 성장로드맵 중간 점검했을 때의 기억이 아직까지 잊히지 않는다. 중간점검시 칭찬하고 감사해야 하는 이유를 확실히 알게 되었기 때문이다.

미팅은 기대감에 가득 차 들뜬 분위기로 시작되었다. 하지만 곧 분위기는 싸늘해졌다. 김 대리가 성장로드맵의 목표를 상의도 없이 변경했기 때문이다. 팀장은 성장로드맵의 목표를 상의도 없이 변경한 이유에 관해 물었고 김 대리의 답변에 더 당황하고 만다. 지금까지 한 내용을 업데이트해보니 목표달성이 쉽지 않을 것 같아서 다른 목표를 설정했다는 것이다. 신임 팀장은 김 대리의 대답에 의지가 약한 것 같다며 호되게 나무랐다. 혼자 마음대로 할 거면 왜 함께 작성했겠냐며 다시 원래 목표대로 하라고 결론을 내렸다. 김 대리는 풀이 죽은 채 고개를 숙이고 아무 말이 없다. 팀장은 재차 원래대로 하라고 얘기하고 미팅을 마무리했다.

팀장과 팀원의 관계는 유리와 같다. 관계가 깨지면 다시 붙이기가 쉽지 않다. 원상복구도 되지 않는다. 유리가 깨져서 테이프를 붙인다고 금이 사라지지 않는 것과 같다. 애초에 깨지지 않도록 주의해야 한다.

앞서 성장로드맵 중간점검 미팅은 김 대리와의 관계가 깨진 것이다. 닦달한다고 해결되는 것은 아니다. 문제가 뭔지 명확히 하는 게 중요하다. 목표치를 해내지 못한 것보다 더 큰 문제는 팀원 혼자 성장로드맵을 마음대로 수정한 것이다. 개인 목표가 아닌, 팀이 함께하는 목표이기 때문에 팀장과 상의하에 바꿔야 하는데 그렇지 않은 것이 문제였다. 다른 팀원들도 동일한 상황이 발생할 수 있기 때문에 더 고민이 되었다.

문제에 대한 해결은 의외로 쉬웠다. 신임 팀장은 마음을 내려놓은 후 김 대리와 다시 티 미팅을 진행했다. 김 대리에게 공식적인 미팅이 아니니 편하게 대화하자고 하였다. 자연스러운 분위기에서 커피를 마시며 어떤 생각으로 목표를 수정하게 되었는지 물어보았다. 그리고 어처구니없는 실수를 발견하고 만다. 김 대리는 성장로드맵의 목표를 수정하면 안 된다는 공지를 받은 적이 없다고 했다. 그래서 바꿔도 되는 줄 알았다는 것이다. 신임 팀장은 성장로드맵의 산출에만 신경을 쓰고 있었지 중도 변경이나 수정이 발생할 상황인 경우 이를 어떤 절차를 거쳐 수정해야 하는지 사전에 공유한 적이 없었던 것이다.

성장로드맵은 팀원을 위한 것이기도 하지만 팀이 함께 성장하기 위해 진행하는 것이다. 전체 팀이 유기적으로 연결되어 움직이는데 혼자만의 생각으로 목표를 변경하거나 수정하면 전체 흐름도 깨지게 된다. 마음대로 변경이나 수정이 가능하다면 팀과 개인의 성장을 위한 로드맵의 진정한 의미가 사라진다. 팀장의 코칭도 의미가 없어진다. 애초에 목표 자체가 팀원 마음대로 바뀌었는데 코칭이 무슨 소용이 있겠는가? 목표 달성은커녕 신뢰성도 떨어지게 될 것이다.

신임 팀장은 김대리에게 성장로드맵을 만드는 이유와 의의를 다시 한 번 설명해주었다. 그리고 곧바로 팀에 성장로드맵 목표 변경이나 수정에 대해 서로의 협의와 합의를 거쳐 변경 및 수정할 수 있는 것으로 공지하였다.

성장로드맵은 팀원의 성장을 위한 중요한 지도다. 현재 어디까지 왔고, 앞으로 얼마만큼 남았는지, 혹시나 헤매고 있지는 않은지 중간점검이 반드시 필요하다. 하다보면 위의 상황과 같은 황당한 일이 발생하기도 하고, 목표를 초과달성해서 목표를 재설정하기도 한다. 보통 이쯤 되면 지치거나 과부하가 오기도 하기 때문에 중간점검과 함께 동기부여는 필수다. 목표를 달성했다면 축하와 칭찬을 아낌없이 주고, 미달성으로 부족하다면 응원과 노력함에 칭찬을 해주어야 한다. 그리고 팀장과 함께 지금까지 성장로드맵을 잘 작성해준 것에 대한 감사의 마음을 전하자. 중요한 것은 끝까지 포기하지 않도록 하는 것이다.

돌발 상황 발생 시 수용하고 유연하게 대처하라

신임 팀장의 경우 하루에도 몇 건씩 다양한 문제가 발생하게 된다. 어쩌면 팀장이기 때문에 당연히 받아들여야 하는 업무일지 모른다. 대부분 문제가 팀장의 실수나 업무 역량 때문에 발생하는 것이 아니기 때문에 더 받아들이기가 힘들 수도 있다. 그래도 팀장이고 팀을 책임져야 하기 때문에 돌발 상황이나 팀 내 문제가 발생하게 되면 책임감을 갖고 신속히 해결해야 한다.

'돈'은 정말 민감한 문제다. 특히 급여와 관련 있다면 1원이라도 잘못되면 큰 문제로 불거진다. 지역관리자로 부임하기 3년 전, 회사 영업사업부에 인센티브 지급액을 계산하여 산출하고 이것을 지급하는 업무를 하고 있었다. 한번은 데이터 오류로 실제 지급되는 금액보다 더 많은 인센티브가 지급된 적이 있었다. 이미 지급되고 1주일이 지난 후라 다시 지급

금액을 회수할 수도 없는 상황이었다. 정말 유례없는 큰 사건이었다. 팀원의 지급 오류 보고를 받고 피가 거꾸로 치솟는 듯 한 느낌을 받았다. 흥분한 상황이었지만 먼저 직속 상사에 보고를 위한 준비를 해야 했다.

첫 번째, 사실 확인을 위한 정보수집부터 시작했다.

지급 오류의 금액이 어느 정도 인지 확인이 필요했다. 지급된 대상자 수도 확인해야 했다. 팀원을 바로 소집하여 미팅을 진행하였다. 먼저 누구의 잘못과 책임을 떠나 사실 확인이 가장 먼저 필요하니 신속한 협조를 지시했다.

두 번째, 문제가 무엇인지 세부적으로 확인했다.

자료 수집 후 지급 오류 금액의 크기와 지급 대상자를 확인할 수 있었다. 다음으로는 문제가 정확히 무엇인지 세부적으로 구분하여 살펴봐야 했다. 누구나 이와 같은 상황에서 문제가 지급 오류라고만 생각할 수 있겠지만 그때 팀장인 나는 또 다른 문제가 발생할 수 있는지 문제를 여러 개로 쪼개기 시작했다.

세 번째, 문제를 리스트업 한 후 다양한 프레임을 적용하여 각 문제 발생에 대한 위험을 최소화할 방법들을 고민했다.

이때 선임팀원과 함께 미팅을 진행하였고 될 수 있으면 부정적인 측면

보다 긍정적인 생각으로 임해 주기를 바랐다.

　팀원들과 지급 오류가 발생한 대상자들을 일일이 확인하고 그들에게 당장 이번 달에 잘못 넣었다고 다시 보내달라고 하기에는 정서상 쉽지 않았다. 당연히 많은 잡음이 들릴 것이라 예상되어 자금을 회수하는 다른 프레임을 적용해 보았다. 자금을 회수할 수 있다면 지급 오류에 대한 위험을 조금은 회복할 수 있다고 생각했다.

　네 번째, 문제를 뒤집어 보았다.

　발생한 문제에 대해 다양한 프레임을 적용하여 살펴보았다면 이제 그 프레임을 한번 뒤집어 볼 필요가 있다. 지급 오류 건에 대해서는 당장 자금회수가 어려우니 뒤집기를 통해 다음에 지급할 자금에서 차감하는 방안을 최우선 안으로 선택하였다.

　다행히 세 명을 제외하고는 다음 달에 지급되는 인센티브에서 모두 차감이 가능할 수 있었다. 그리고 남은 세 명에 대해서는 시뮬레이션 진행 결과 모두 3개월 이내 지급될 인센티브에서 차감하여 지급 오류 자금을 회수할 수 있다는 것을 확인하였다. 이제 지급 오류 문제에 대한 위험을 많이 줄이게 되었다.

　다섯 번째, 긍정적인 프레임을 적용한 커뮤니케이션으로 진행했다.

　최대한 신속 하에 지급 오류 대상자 한 명 한 명에게 팀장인 내가 일일이 전화를 해서 사전 양해를 구했다. 물론 문제 발생에 대한 책임은 내게 있음을 안내하였고 이를 위해 최대한 대상자분들에게 영향이 없도록 다음 달 지급될 인센티브에서 차감하여 지급할 예정이라고 설명하고 양해를 구했다.

친분이 있던 대상자에게는 자금의 특성상 먼저 지급한 것으로 무이자라고 농담도 건넸다. 조금이나마 불만을 줄이고자 한 것이었는데 다행히 긍정적으로 받아주어 큰 문제없이 해결할 수 있었다.

여섯 번째, 마지막으로 직속 상사에게 위와 같이 문제 발생한 상황과 처리현황에 대해 공유했다.

추후 재 발생하지 않도록 기존 업무 절차상에 검증 절차를 추가할 예정이라고 보고했다. 직속 상사도 그날 일에 대해 더 이상 질책하지 않았다.

돌발 상황은 언제 어디서나 발생할 수 있다. 이때 순간적인 감정적으로 처리하지 않고 사실 확인부터 하자. 사실을 확인하는 것만으로도 문제 해결의 실마리를 찾을 수 있다. 문제 당사자들의 협조를 얻기 위해서라도 감정으로 대하지 말고 문제를 수용하고 유연하게 대처하자. 무엇보다 긍정적인 태도로 임하면 복잡한 문제도 쉽게 해결될 것이다.

팀원과의 신뢰를 통해 충성심을 이끌어 내라

팀원들의 신뢰를 한 몸에 받는 것. 모든 팀장의 바람일 것이다. 신뢰란 굳게 믿고 의지한다는 것이다. 이 신뢰는 상호작용한다. 절대 일방적으로 흐르지 않는다. 신뢰를 받고 싶다면 먼저 신뢰를 주어야 한다.

신임 팀장은 오늘도 고민이 많다. 팀원들의 신뢰를 받기 위해 무엇을 주어야 할지, 얼마나 가까워져야 하는지, 가까워지기 위해 어떻게 해야 하는지 모든 것들이 고민이다.

팀원에게 좋은 얘기를 많이 해주면 팀장을 신뢰할 수 있는 것일까? 아니면 팀원에게 선물을 제공하고 팀원들의 가족 행사까지 챙겨주면 팀원들에게 신뢰를 받을 수 있는 것일까?

모두 틀렸다. 무언가를 주어야만 이루어지는 것이 아니다. 특히나 직장 내 신뢰는 '일'이라는 것으로 묶여있기에 업무와 뗄레야 뗄 수 없는 상관 관계를 이루고 있다. 이를 인지하고 다음 3가지 방법으로 신뢰를 주자.

첫 번째, 팀장의 실력을 키워야 한다.

팀장이라면 기본적으로 '이 정도는 해야 한다.'는 게 팀원들 머릿속에 있다. 그에 미치지 못하면 '저런 것도 못하는 사람이 팀장이라고?'라는 의구심이 들게 된다. 물론 모든 업무를 다 잘할 수는 없다. 부족한 부분이 있다면 그 즉시 인정하고 바로 방법을 찾아서 해결하려고 노력하는 자세가 중요하다. 지속해서 업무 역량을 개발하고 부족한 부분을 채워나가야 한다.

특히 신임 팀장의 경우 짧은 시간 안에 팀의 모든 업무를 파악하고 숙지해야 한다. 팀장이 잘할 수 있고 좋아하는 업무만 파악해서는 위험하고 팀원들에게 신뢰를 쌓을 수 없다. 짧은 시간 동안 파악하기 위해서는 팀원들의 각자 업무에 대한 직무 기술서를 기반으로 팀원의 업무를 확인하고 파악해야 한다. 이를 토대로 팀장은 각 업무의 정의와 절차, 리스크 등을 숙지해야 한다.

가능한 각 팀원과의 티타임이나 파트 미팅을 통하여 정보를 확인하면 더 효과적이다. 팀장이 팀원 업무를 세부내용까지 숙지하게 되면 추후 업무 이슈가 발생하더라고 해결안을 보다 쉽게 찾을 수 있고 이를 통해 의지하고픈 팀장이 될 수 있다.

두 번째, 팀장의 의사결정 시 명분과 가치관을 반영해야 한다.

의사결정 시 동일한 방향으로 이뤄져야 팀원들이 신뢰하고 각자의 업무에도 반영할 수 있다. 동일한 상황임에도 불구하고 어제는 맞고 오늘은 틀리다고 한다면 더 이상 팀원들은 팀장을 의지할 수 없다. 매번 기준이 바뀌면 무슨 기준으로 업무를 이행해야 할지 헷갈리게 되고 업무 수행력도 떨어지게 된다. 기분에 따라 바뀌는 팀장에게 잘 보이기 위해 온갖 아부와 사탕발림이 난무하다면 과연 팀이 성장할 수 있을까? 나락으로 떨어지는 지름길이다.

척하면 척! 팀장의 의도를 바로 파악할 수 있다면 훨씬 효율적으로 일할 수 있다. 그 의도를 파악하기 위해서는 명확한 기준이 있어야 한다. 팀장만의 분명한 가치관과 명분을 들어 왜 이런 선택을 하고 이렇게 진행하는지에 대한 이유도 설명해주어야 한다. 그 이유가 분명하고 이해가 될 때, 팀원들은 비로소 신나게 움직일 것이다.

세 번째, 마지막으로 팀원의 신뢰를 이끌어내기 위해서는 팀장이 모든 책임을 지는 것이다. 대부분의 팀장이 당연한 것으로 여기고 있는 것이지만 신임 팀장의 경우 간혹 말실수하는 경우가 있다.

과거 신임 팀장 시절의 일이다. 신입사원 면접 후 최종 입사가 결정되었다. 그런데 이 주임이 중요한 정보를 세부적으로 확인하지 않아서 최종 입사가 취소되는 상황이 발생하였다. 뒤늦게 신용조회를 하였더니 입사할 수 없는 상태였던 것이다.

이때 나는 이 주임에게 해당 건에 대해 책임지고 신입사원에게 입사 불가 사유를 안내하라고 지시했다. 이는 과거 이 주임의 능동적이고 적극적인 업무 태도를 한순간에 무너뜨린 발언이었다. 이후 이 주임은 업무 진행 시 아주 사소한 것이라도 팀장에게 보고하고 처리했다. 혹시라도 있을 실수를 미연에 방지하기 위함이지만 소극적인 태도로 변한 모습에 씁쓸했다. 지금까지도 후회되는 경험이었지만 중간, 중간 이를 풀기 위해 정말 많은 시간과 노력을 투입하였다. 내가 당연히 책임져야 한다고 생각했다.

노력이 빛을 발한 것일까? 현재 이 주임은 이 과장으로 승진하여 함께 책임에 대해 논의를 하고 팀장인 나에 대해 무한 신뢰를 보내며 어려운 이벤트가 발생할 때마다 적극적으로 팀장인 나를 지원해준다. 정말 고맙다.

팀장인 내가 먼저 팀원들에게 신뢰를 주면 팀원들은 팀장을 따르게 된다. 충성심은 자연스럽게 따라온다. 그들의 환심을 사기 위해 밥을 사고, 술을 사고, 선물을 사고 있다면 그만두자. 그보다 더 중요한 것은, 팀장 자신의 업무 역량과 팀원들을 믿고 지지하며 그들을 대하는 태도와 말투다. 모든 것은 내 표정과 말투에서 드러난다. 먼저 그들을 신뢰한다는 마음으로 다가가 그들의 이야기에 귀를 기울이자. 그들의 이야기 속에서 진짜 니즈를 찾게 되고, 그 니즈를 충족시켜줄 때, 팀은 더욱 단단해진다.

지금까지 찐 팀장으로서의 능력치 개발을 했다면 이제 보여줄 차례다.

팀장, 당신을 응원한다.